U0727006

这种无序的全球化，将导致传染病的疫情蔓延、生态环境与气候失衡引起的自然灾害、非法区域的迅速扩大。我们将重见当权者的罪行、军阀的压迫、海盗与劫匪的猖獗，随之重现的还会有富豪们的避难所、远离尘嚣的修道院。

现有的少数全球治理的机构组织将面临被清除或被忽视的威胁。实际上，威胁已经存在：在1994年成立WTO和1995年核不扩散条约之后，没有一条重要的国际协议，在任何一个全球领域里被签署。大量旨在建立世界性规则的动议（无论气候合作抑或对抗贫穷），无一不遭遇失败或分崩离析。这个世界以某种方式，向着一片混沌迈进，大步流星。

★ ★ ★ ★ ★

危机求生

在全球危机中寻找自己的活路

[法]雅克·阿塔利 (Jacques Attali)◎著　蔡晋◎译

中国发展出版社
CHINA DEVELOPMENT PRESS

图书在版编目（CIP）数据

危机求生/（法）雅克·阿塔利著；蔡晋译．—北京：
中国发展出版社，2012．1
ISBN 978-7-80234-746-5

I．危…　Ⅱ．①雅…　②蔡…　Ⅲ．金融危机—研究—世界
Ⅳ．F831．59

中国版本图书馆 CIP 数据核字（2011）第 259842 号

版权贸易合同登记号　图字：01-2011-7860

SURVIVRE AUX CRISES by Jacques Attali
World Copyright@ LIBRAIRIE ARTHÈME FAYARD, 2009

书　　　名：危机求生
著作责任者：〔法〕雅克·阿塔利
出 版 发 行：中国发展出版社
　　　　　　（北京市西城区百万庄大街 16 号 8 层　100037）
标 准 书 号：ISBN 978-7-80234-746-5
经 销 者：各地新华书店
印 刷 者：北京科信印刷有限公司
开　　　本：700×1000mm　1/16
印　　　张：13
字　　　数：124 千字
版　　　次：2012 年 1 月第 1 版
印　　　次：2012 年 1 月第 1 次印刷
印　　　数：1—8000 册
定　　　价：30.00 元

联 系 电 话：(010) 68990630　68990692
网　　　址：http://www.develpress.com.cn
电 子 邮 件：bianjibu16@ vip.sohu.com

版权所有·翻印必究

本社图书若有缺页、倒页，请向发行部调换

一个人想活下去，

就不能不去设法在患难中找缝子，

逃了出去。

——老舍，《四世同堂》

✿ 自由观念在经济语境里就是追求市场对经济的占领。今天，作为有限私人资产的分配体制，几乎所有人都承认了市场相对于计划的高效性。因此，类似安全或教育的主要公共部门的价格，也将越来越多地由市场决定。公共服务供给与维持的价格水平将越来越被自由观念所左右，它同时也会加剧企业行为与合作关系中的不忠与自私自利。

　　　　　　　　　　　　　　　　　　　　——本书第 15 页

✿ 我们这个世界的现状就是：资本机器在全球失控；银行和金融机构在各国政府的庇护之下，不受任何限制地提高风险；西方的债务继续增加，经济失衡愈发深重；每一个人所将面临的生存威胁，只会不断累积，直至泰山压顶。

　　　　　　　　　　　　　　　　　　　　——本书第 48 页

✿ 在敌人变不成盟友，而且就要取胜并毁灭一切的时刻，我们需要求助于自己的韧性，接受无法改变的既定游戏规则，争取使对手中立化，赢得他的善意，甚至仁慈——在此，敌人可能是大自然本身，也可能是一个民族或国家、一家企业或组织，或是某个熟悉的或陌生的人。为此，尽可能保持灵活机动，做好过上多种生活的准备；如果迫不得已，那么就将生活割裂开来分成几份，同时在不同的世界里存在。

　　　　　　　　　　　　　　　　　　　　——本书第 92 页

SURVIVRE AUX CRISES

★ ★ ★ ★ ★

❋ 若企业未将自身区别于其合作者最迫切、最自私的期望，未成功地令其合作者对某一项目感兴趣，未成功说服其合作者尊重自己，那么企业绝不可能得到其合作者持久的信任和忠诚，也就绝不可能生存下去。

——本书第 131 页

❋ 一个国家若想生存下去，就必须忠于一切成员（个人、企业），并助其获得用于应对危机和变化的资源：教育（由国家保障）促进国民的自尊、分身术、创造力和革新思想；治安保护、公共卫生和社会保障使公民具有时间观念和适应能力；民主生活促进共鸣。还应通过建设法治国家来帮助企业，不断追求卓越并提供强大的保障力：例如企业自尊的实现需要透明的银行和金融法律法规；企业适应力需要以健全的保险为前提……所有这些都需要更大的灵活性，对产权与契约的保护，以及智识与远见。

——本书第 153 页

❋ 我们可以根据国家领导人和国民是否忠于国家来衡量该国家的自尊：如果国家放任领导人和国民破坏其资源及自然遗产、文化遗产，不纳税，违反法律，弃国而不思返；如果国家即将遭到侵犯却不把领导人和国民团结起来，那么这不是一个自尊自重的国家。政治领导人腐化堕落，家庭没有孩子，军队不被尊重，银行系统不受监管，企业领导者厚颜无耻，政府部门玩忽职守，年轻人有自杀倾向，环境被蹂躏破坏，有钱人准备移民他国，支持者失去理性，甚至机场、港口管理不佳——如此多的迹象都在表明这个国家缺乏自尊，即便同时伴随的是强烈的沙文主义。

——本书第 155 页

◁ 丁一凡序

由 2007 年美国房地产泡沫破裂引起的这场欧美国家的金融危机与经济危机似乎远未结束。如何认识这场危机，在危机中如何生存，如何在危机中找到机会，甚至在危机过后如何重塑经济，抢占未来的制高点，这些问题都是法国经济学家及战略分析家雅克·阿塔利所关心的。我很愿意向中国读者推荐他的这些分析和建议，不仅因为他是被欧美舆论评价为 100 名对世界最有影响力的人物之一，更因为他曾是位"内部人"，曾经作为法国总统密特朗的经济顾问，参与过法国经济政策的制定，并是欧洲经济与货币联盟的重要条约《马斯特里赫特条约》的重要起草者。因此，他对危机的分析肯定有许多独到之处，读者也可以通过阅读来评判他的建议是否可行。

我结识雅克·阿塔利已是十多年前的事了。当时，我在巴黎当记者，因为欧元即将上马，我在准备写《欧元时代》那本书。当我打听到阿塔利是马斯特里赫特条约的起草者之一时，就起了采访他的念头。我托了几个法国朋友作中间人，最后终于找到了阿塔利先生。

阿塔利在他的办公室与我长谈了马斯特里赫特条约的前后，也谈了他的计划。给我印象最深的是他对统一货币作用的分析。他解释说，欧洲一体化从最初开始时就是由一批欧洲的联邦主义者推动的，他们的最终目标是建立一个欧洲合众国，与美国一样。但是，欧洲经历过那么多次战争，不同民族之间的芥蒂很深，要建立一个统一国家非常不容易。因此，推动欧洲统一的政治领导人们就采取了一种渐进的办法，从经济到政治，从易到难。这种过程需要有某种动力，而欧洲统一的动力往往来自于危机。欧洲要一体化，一些问题就产生了，如果还限制在传统的民族国家内，问题解决不了，危机就会深化。因此，必须向前迈出一步，找到一个共同的解决办法。这样就只好把部分国家的主权交给欧洲层面去解决，欧洲一体化就前进了一步。统一煤钢市场，统一关税，统一市场，进而统一货币……这个逻辑一直没变。统一货币是这个逻辑的深化。他解释说，统一货币，建立统一的中央银行，就会出现货币政策与财政政策不匹配的问题。货币政策宽松，对经济较弱的国家合适，但通货膨胀就会高，经济强的国家会不愿意；货币政策收紧，对经济强的国家来说算不了什么，而且还能享受遏制通货膨胀的好处，但那些经济弱些的国家就受不了。时间长了，一定会爆发危机。欧洲人会明白，要调整这些问题，只有货币政策是不行的，必须统一财政政策。阿塔利认为，如果欧洲的政治领导人不是那么无能，一定会想到用统一财政的办法来解决货币危机。因此，统一货币是个不能倒退的机制。对付货币危机，只有向前走一步，统一财政。如果财政统一了，欧洲统一国家的事情就完成大半了，其余的政府功能统一，只是个时间问题，一切都会水到渠成。

2010年，欧洲爆发了主权债务危机，先是希腊，后是爱尔兰，然后就威胁到西班牙、葡萄牙，最后连意大利的债务也成为市场上投资者怀疑的对象。危机中，有些中国的评论会嘲笑欧洲人的制度设计，认为危机是因为制度设计上的缺陷造成的。然而，我就想到了阿塔利先生的那些解释。其实，欧洲那些制度设计者们是知道这些制度缺陷的，但他们认为这些缺陷恰恰就是制造未来更加一体化的动力。随着欧洲主权债务危机的深化，越来越多的欧洲前政治领导人（如德国前总理施密特、施罗德、英国前首相布莱尔、意大利前首相普罗迪、比利时前首相伏思达，等等）纷纷站出来呼吁尽快实现欧元区的财政一体化，建立统一的财政部或经济政府，以使欧洲摆脱债务危机的困扰。阿塔利预计的事情似乎正在发生。当然，危机也使欧洲大陆国家中的民族主义情绪上升，一些欧洲北方国家的政治人物想利用这种民族主义情绪在政治舞台上获得更多的注意，他们指责陷入危机的国家，煽动民众的情绪，要把一些经济不够强大的国家甩出去，赶出欧元区。遗憾的是，这些煽动极端民族主义情绪的政治人物的声望在上升，给目前执政的欧元区国家政治领导人施加了巨大的压力，使他们很难做出快速推进财政一体化的决定。可以说，在欧洲，有两股势力正在进行着殊死斗争：一派要利用债务危机推进欧元区财政的一体化；而另一派则想利用民众的恐慌来煽动民族主义情绪，进而实现他们的政治野心。如果最终后一种势力占了上风，那么欧元区及欧盟的命运就岌岌可危了。但至少目前阿塔利先生还不认为这种可能性很大，因为他一直是个乐观主义者，他在本书中还强调，危机并未动摇人们对个人自由的信心，欧元区也不会瓦解，只要乐观地去寻找机会，总会克服危机带来的负面影响，最终胜利地走出危机。

　　阿塔利在分析了危机的各种表现后，对个人、企业和国家制定走出危机的战略都提出了建议，提供了一种简略的路线图。无论人们接受或不接受他的建议，通过阅读他对走出危机的战略分析，都应该能得到一些有益的感悟。

丁一凡

2011 年 10 月

◁ 译 序

　　雅克·阿塔利在法国家喻户晓，甚至在整个西方世界都德高望重。他不仅是首屈一指的经济学家、著作等身的作家、叱咤风云的政治家，还是音乐家、收藏家和未来学家。

　　从几所法国顶尖院校以优异成绩获取学位之后，27 岁的阿塔利就进入国会成为审计师；29 岁开始发表著作，至今未曾间断，平均每年都至少有一本书出版。在数所大学和研究院教授经济学的同时，他涉足了从新闻、金融到文化、艺术等许多领域，均有成就。30 岁开始，阿塔利成为弗朗索瓦·密特朗的亲密伙伴，在后者执掌法国的年月里作为其左膀右臂，坐镇爱丽舍宫，直到今天都是法国政坛举足轻重的人物。1989 年，阿塔利参与创建了欧洲复兴发展银行并任行长，卸任后除了继续担任多家经济和金融机构的主席，还建立了自己的战略咨询机构（A&A）与全球性非盈利组织——主要提供小额贷款帮助欠发达地区的 PlaNet Finance。

作为一个出生在阿尔及尔的犹太商人的儿子，阿塔利奇迹般的人生焕发着光彩，他的光芒不但照亮了周围的人，也在法国、欧洲甚至世界的历史中留下了印记。这个优雅亲切的老人仍旧活跃，一言一行都充满了智慧，以永远充沛的精力、无比宝贵的经验，通过自己独特的方式，为不同的国家与人们贡献着力量，努力使我们生活的世界变得更好。

这部著作，于 2009 年在巴黎初版，很快再版。阿塔利为此中文版本专门做了部分修改与更新。今天所谓的"后危机时代"，实际上各种威胁仍然存在，且有愈演愈烈之势。阿塔利在书中，以宏大的维度、惊人的深度、宽广的视角、精准的认知，深入浅出、言简意赅地回顾历史、分析当下、展望未来。读者将会看到，他的很多预测，若非已成事实，即已初露端倪。如果仔细品味他的每一句话，就会渐渐明白其中的深意，也会意外地发现很多真理。

所谓智慧，即一种认知结构。这个世界是有规律可循的，如果能够找到这些规律，就可以训练自己，学会运用规律。不管是一个人、一家企业，还是一个民族、一个国家，都应该把握规律，以保障生存、追求真正的生活，最后实现超越。阿塔利在书中看似随意、天马行空的思绪与论述，实则拥有严密的逻辑结构，而且相互呼应、滴水不漏。其中最核心的思想，就是危机求生的七大法则，适用于任何危机，适用于任何主体。倘若真能读懂此书，掌握法则，切实加以运用，那么可以肯定，无论面对怎样的危机，我们便都可以做到临危不乱、胸有成竹，不管风吹浪打，胜似闲庭信步……

阿塔利是一个爱国者，也是社会主义者；他相信中国是未来的希望，尽管还有很多"homework"要做。曾国藩曾道，"败人两字，非傲即惰"。为了准备应对危机，必须戒傲戒惰，如阿塔利所说，树立自尊、珍惜时间、培养共鸣、增强适应性、挖掘创造力、学会分身术、具备革新思想，以谦逊和勤奋的态度，认识自我、了解世界，向他人学习。

自然，作为法国知识分子，阿塔利的价值观和世界观与很多中国人不同，书中的视角与出发点肯定不完全符合我们的标准，需要鉴别。但是"他山之石可以攻玉"，法国知识界向来百无禁忌，这种"独立之精神，自由之思想"也是值得学习的。

在2011年1月译者与阿塔利见面时，他讲了一个小故事：两个青年坐在纽约中央公园的草坪上看报，读着一则巴西与阿根廷足球比赛的报道，两人谁也没有说话，陷入沉思，过了许久，其中一人严肃地问道："你认为这个比分会对我们的工作产生多大影响？"译者不解，阿塔利笑道，此乃犹太青年无疑。也许，犹太民族正是由于拥有时时刻刻的危机感，善于寻找事物之间的隐秘关联，强迫思考与质疑成为习惯，才得以在多舛的命途上成功生存，并且能够不断地为人类贡献精英。对待知识分子的态度标志着一个民族的文明程度。告诫人们尊重知识、尊重理性，运用智慧去生活和超越，想必也是本书的目的所在。

凡事预则立、不预则废，本书的另一个意味，还在于严格自律下的计划性，阿塔利就是这么做的。他告诉译者，每天、每周定期检查计划的执行情况，不停与时俱进地调整计划，是准备好危机求生的不二法门。

对于译者来说，阿塔利是当代所剩无几的、继承了欧洲古典传统的"百科全书式"学者，有幸翻译他的书，算是送给自己的一份大礼。在这里，译者想感谢丁一凡老师、王巍老师和张宇燕老师给予这次机会，还要感谢至爱亲朋在译书过程中的鞭策，特别是福路和方舟无私的支持；另外北京语言文化大学的王菲菲和王悠然对后三章的翻译提供了热情帮助，胡水参与了终稿修订和文字润色，一并致谢。当然，水平所限，译文中的错误与疏漏仍在所难免，责任全在译者。

最后，请允许译者用阿塔利在扉页上所引话语的原文来结束这篇短短的序言，它出自老舍先生的《四世同堂》："小顺儿的妈虽然只有二十八岁，可是已经饱经患难。她同情老太爷的关切与顾虑；同时，她可也不怕不慌。她的心好像比她的身体老得多，她看得很清楚：患难是最实际的，无可幸免的；但是，一个人想活下去，就不能不去设法在患难中找缝子，逃了出去——尽人事，听天命。总之生在这个年月，一个人须时时勇敢地去面对那危险的，而小心提防那'最'

危险的事。你须把细心放在大胆里，去且战且走。你须把受
委屈当作生活，而从委屈中哂摸出一点甜味来，好使你还肯
活下去。"

蔡 晋

2011 年 8 月于北京

CONTENTS ◀ **目 录**

第二章　预期：当前危机之后的重重危机

第三章　求生策略

第四章　求生——每个人

第五章　求生——企业

◁ 自 序

　　当前的危机，正如之前所有其他危机一样，自然终有结束的一天，而危机过后必将留下无数的受害者，以及寥寥无几的胜利者。然而从现在开始，我们每个人仍有可能逃出生天，且具有比被卷入危机时更好的状态。这就要求我们明白危机的逻辑和进程，积攒起各个领域的新知识为自己服务，自立自强、严肃认真，主宰自己的命运，并富有胆识地为个人的生存采取策略。

　　因此，在这里我的论述不是揭示一项政治纲领，解决当前的和即将到来的所有危机，也不是进行含混而泛泛的道德说教，而是提供精确和具体的策略建议。这些建议可以帮助每个人不必听凭他人摆布，而能够"在患难中找缝子"，在前方密布的暗礁之间巧妙穿行，得以生存，得以超越。

　　首先是如何从当前的危机中脱身。

　　某些政客和一小撮银行家用他们凯旋的欢呼，意图让人们相信危机已经过去，但是恰恰相反，2008 年爆发的金融危机远未结束——当时只是从前的一次经济危机的重现。在美国，与世界其他地方一样，尽管股市时常高企，但许多银行仍然资不抵债；那些风险最高的金融投机产品持续积压；财政赤字继续增高；生产水平与资产价值依旧大大低于危机之前；企业负债加剧；失业愈发严重；很多家庭无法按时偿还贷款。总之，无论已有多少高谈阔论和言之凿凿的承诺，渡过危机所必须采取的金融体系管制措施以及结构性变革却根本不曾实现。

西方世界已经无法不依靠负债的方式来维持其生活水平，这才是本次危机最深刻的成因，然而这一现象远未消除。迄今为止，政府所实施的解决危机的对策仅仅是用纳税人明日的钱来掩盖银行家们昨日的错误，并且派发他们今日的红利。此外，社会其他领域，如科技、经济、政治、卫生、生态、文化、人事的动荡，必将使混乱不堪的财政状况雪上加霜。所有这些颠覆与变革，将令我们共同的世界变得更加不可捉摸、摇摇欲坠，迫使每一个人都不得不想方设法为生存、为生活、为超越而努力；所有这些危机与震荡，都会给百姓、企业和国家带来不可计数的不幸与侵害。

我们也应该承认这个令人眩晕的事实：我们的社会政治体制确实无所作为，在解除个人、企业、国家、甚至人类本身所遭受的威胁方面，都毫无建树。更糟的是，不管我们的体制如何为自身辩解，他们这么做都毫无理由，因为现有的体制实际上在依靠吞噬体制内每一个人的生命来运转和存续：人们是否安居乐业、健康长寿，企业是否长期存在，国家是否可持续发展——市场对于这一切统统不感兴趣。相反，市场的偏好是将之毁灭，以便根据其利益，更加高效地配置稀缺资源。

有些人依然相信，我们今天所经历的，只是一个经济周期的最低点，与其他经济周期并无不同，只需要两三年的等待，就足以使金融、经济和社会恢复秩序。如果这些人继续像以前那样生活，那么他们必将直撞南墙。另外一些人对当前和未来混乱状况的深层原因有比较清醒的认识，找到机会把新财富建立在他人的破产之上，低价买进资产；总有一天，这些资产将重新具有很高的价值。

终究还有一些人，吸取前两者的经验教训，将铭记我们的某些前辈。这些前辈已经明白，只有掌握自己的命运，并且运用高度复杂的策略，才能躲避种种陷阱，走出人类生存的迷宫。他们是先前时代各种错误的终极见证人，所有世界观将这些罕见的自由公民塑造成为一种崭新智慧的开拓者。

面对未来十年的风险——即本书的维度，意欲生存者必须像这些过去的先行者一样，承认不应该再等待依靠任何人。对每个人来说，每次威胁都是机遇，迫使自己重新思考在这个世界中的位置，加速改变自己的生活，接受全新的伦理道德和行为方式，进入全新的行业，实现全新的联盟。意欲生存者将认识到，他们的生存并不必然涉及某种普遍的改革，也不必等待某次恩典或者某个救世主；他们的生存并不以他人的覆灭为前提条件，更重要的是对自我的建设和对同盟者谨慎的寻找；他们的生存并不源于无限的乐观，而是来自于极度明确的自尊，扎根于追求自身生存意义的强烈渴望；他们的生存并不仅仅关乎即时当下，也是长期久远的铺设营造；他们的生存并不只意味着收购资产，却能以超越现存秩序为目的；他们的生存并不局限于保持完整的自我，而更需要考虑到充分多样性的可能状况。

为了实现这一切，应该进行对自我掌控的长期学习，而现在人们对此毫无准备。有一些品质，很少被定义、被认为是优点，而在相当特定的范围内，尤其应该引起重视，它们是：偏执，它有助于探测外部世界的敌人；疑心，它导致对内部危险的评估；自大，它促进对目标的设定。而后，人们还应该对人类学、历史学、生物学、心理学和神经科学各学科的最新理论结果加以利用，寻找经济增长与行业发展的新源泉，了解不可或缺的进修与培训，并且发现幸福与安宁在未来的存在形式。

在这长期的学习中，七条法则凸现出来。它们适用于任何时代，适用于所有的威胁与所有的危机，无论是像当前的经济危机，一场饥荒、一场战争，抑或独裁的来临、海啸或雪崩，还是私人生活中的不幸，感情危机、甚至一次心脏病发作。当然，在不同的情况下运用这七条法则，应该依据每次危机不同的属性，通过不同的途径，借助特定的方法，来选择正确的盟友，采取相应的建议。

这一套生存策略，是经过对现实经验的长期反思后得出的，对于在失业、破产、萧条之中的生存尤其有效。

我将这套策略围绕着七条法则组织起来，建议按下列顺序实施。依据各个主体所面对的不同威胁——个人的，企业的，民族的，国家的，全人类的。策略的运用也各不相同，将在本书的后半部分加以详述。显然，实现所有策略需要付出相当艰苦的努力。与所有人一样，我在将其付诸行动时也曾遇到巨大的困难。从这篇前言开始，我邀请您，为了您自己开始思考，并一起来了解危机求生的这七条法则：

①自尊。首先想要生活，而不仅仅是生存。为此，充分认识自我，重视自身的命运，不要妄自菲薄，也不要自怨自艾。自尊，在于探寻生活的意义，培养一种对卓越的渴望，在自己的身体里、衣着上、样貌中体现，在对理想的追求中实践。为此，不要等待任何人的恩惠，仅仅信任自己对自己的定义。不管面对什么样的危机，都不恐慌，哪怕现实不如人意，也要接受，拥有成为自我未来的行动者的意愿，不悲不喜。

②强度。以长远的眼光，为自己塑造一个愿景，做二十年的规划，并且不停地重塑。在需要为长远利益做出眼前牺牲的时候，懂得如何抉择。还有，永远铭记这个事实——时间是唯一的稀缺资源，我们只活一次，把每一时刻当作生命的最后一刻来生活！

③共鸣。身处每次危机、面对每次威胁与动荡，都要换位思考，不论他人是对手还是潜在的盟友。理解他者的文

化、推理模式、存在逻辑，通过其行为预期，识别所有可能的威胁，区分潜在的朋友和敌人。友善地对待他人，欢迎他人来缔结持久的联盟，实现一种互益的利他主义。为此，就要展示出一种宏大的谦逊与完全开放的心态，尤其是应该有能力容许和承认，某个敌人也可以是正确的，而不至于因此恼羞成怒。

④适应性。一旦根据危机的不同种类确定了所有威胁的性质，就该从各方面——心理上、精神上、生理上、物质上、财务上——为对抗危机做准备，以防这些威胁中的任何一个成为现实。为此，需要考虑周全，组织足够的防御，保留足够的剩余和存储，准备好多种预案及各类保险，并使其分别与不同的危机相呼应。

⑤创造力。如果危机的冲击持续不衰，并成为结构性的普遍现象；如果危机固定在不可逆转的趋势之中，那么，应该学习如何使其变成机遇，将匮乏作为进步的源泉，把对手的力量转化为自身的优势。这需要积极思想，拒绝屈从，进行勇气与创造力的实践。与肌肉一样，这些素质需要不断的锻炼。

⑥分身术。如果危机继续，冲击愈发不可预测，不再可能采用任何主动策略，那么，准备好进行彻头彻尾的改变：全力以赴地抗争，重建自我形象，在不放弃自尊的条件下，争取与胜利者站在同一阵营。尽量拥有灵活多变的身份，在捉摸不定的情况下，时刻准备着分身有术、无处不在。

⑦ 革新思想。最后，为极端的局面做好准备。当必须进行正当防卫的境况来临时，毫无畏惧，敢于超越自我，打破既定的游戏规则，秉持对自我的尊重而顽强坚持。这最后一条法则与第一条首尾呼应，七条法则如此构成了连贯的逻辑——一个闭环。

无论在怎样的危机之中，做好准备实施这七条法则的人和不停尝试将其付诸行动的人，都比其他人拥有更多的机会能够逃出生天。

无论是处境凄惨者，抑或自认强大者，不进行自我创新和变革，是没有可能不知不觉、意志薄弱地生活与超越的；反之亦然，如果无法生存，也就没有可能发起任何革新。正如圣雄甘地曾经说过的："如欲改变世界，就让自己成为你所想见的改变。"

第一章

投身运动

我们每一个人都必然投身于未来，在其中行走、流动并找到自己的位置。本书讨论的这些威胁，至少在未来的十年里都会摆在每个人的面前，给我们的私人生活中所有的欢乐与悲伤造成剧烈震荡，导致对巨大突变的趋之若鹜。各个领域中（观念的、政治的、人口的、科技的）广泛的转变，在很久之前已开始产生，将在危机中愈发突显出来。

为了在未来的世界上生存，第一要务在于尝试去识别各个趋势，定位其间的障碍，努力绕开险阻。这不是不可能的：尽管现象演变的速度飞快，现象之间的互动仍旧不可预见——但就是最复杂的系统也会遵循一定的法则，而法则至少允许我们设法掌握事件发生的概率。

例如，飞机、电话、电脑的发明，甚或苏联的崩溃，虽然这些事件发生的日期并非设定，发生的方式亦非计划，但是当时均在预料之内、情理之中。

而我们将见证的，会是整个世纪继续加速的动荡不安。全球人口与经济的重心转向非洲和亚太地区；革新性的新技术出现并被利用；工作环境和消费状况不断改变；对个人自由的渴求在所有领域无处不在、发展推进，将导致观念上和现实中的重大后果：强者的生活愈发安逸，弱势群体则会更加朝不保夕，更加脆弱，失去忠诚与信任。

每个人都应该好好理解这些影响深远的大趋势，整理出一份尽可能详尽的"库存清单"，为了生存，准备迎接随之而来的重重冲击。

一、世界大趋势

1. 人口爆炸

接下来十年里最为确定的变化——也许是最具颠覆性的——即，可预见的世界人口将超过 70 亿或 80 亿。从我们的纪元初始直到第二次世界大战为止，这个星球上总共增加的人数也不过如此。人口增长的大部分源自非洲；欧洲停滞；印度人口将超过中国；美国人口增长的 2/3 得益于移民，人口数量将从今天的 3 亿增至约 3.3 亿，人口的平均年龄也将降低。

此外，超过 10 亿农村人口向城市的迁徙，将使城市居民占到全人类的近 2/3。同时，离开故土移民外国的人数也将翻倍，达到 2 亿至 4 亿。大量对基础设施建设、水资源和食物的需求产生，众多不得不面对的威胁也将随之出现。美国移民的主体将来自墨西哥、中国、菲律宾、印度和越南。

2020 年时，每三个北美居民中就有一个来自拉丁美洲。

预期寿命延长，女性人均生育数量减少，加之农村移民的膨胀同时减弱了家庭联结的纽带，将导致人类平均年龄的提高——现在是 28 岁。人类历史上的头一遭，65 岁以上的老人将比 5 岁以下的儿童数量更多。以 2020 年的中国为例，60 岁以上的人口会超过 3 亿。近 1/4 的中国人届时年长于退休年龄，然而这个国家尚未建立任何普适的养老机制，特别在广大的乡村更是空白。到 2040 年，全球人口增幅 30%，但 65 岁以上人口会增加 160%，80 岁以上人口则增多 250%。以上数据，使新的需要不言自明，也意味着新的危险将被激发。

到 2020 年，尤其随着亚洲国家对经济增长的追求，全世界中产阶级的人数将新增 10 亿以上，由今天的占地球全部人口 1/3 提高到近一半，其中有 6 亿生活在中国，在印度同样数量庞大。这些中产阶级的新成员们渴望拥有同西方一样的生活方式：自由，保障，教育，旅游，体面的住房和汽车（人们在年收入达到相当于现在的 5000 美元时，就会购买车辆，那么除非受到世界性的经济萧条阻碍，2020 年行驶中的汽车数量必将比此时增多 1/4）。新中产者的旅行，将使每年留驻在国外的游客数量从 9 亿提高到 12 亿。

2. 科技进步：NBIC

总体看，未来十年的科学技术进步还是可以预测的，基本上与工作发展议程协调同步。

数千年以来，科技进步的首要目的都是使人类能以更少的努力完成同样的任务：提高能源利用效率、优化信息与数据的传输方式。现有的新科技，只有在足以跨越某一障碍，或者能够解放和发展生产力的时刻，才会被转化为现实，这与历史经验相符。举例来说，1873年，疾驶的蒸汽机呼吸困难、遭遇瓶颈，触发了一场危机，正是这次危机，导致石油工业与现代银行、金融业的兴起，从而把美国送上了霸权之路。同理，与1929年大危机相伴，围绕电力运用所产生的科技进步浪潮不断涌现：收音机、电视机、家用电器，以及为人类带来了摩天大楼的电梯技术。之后的1970年代，美国和日本的大型公司为解决"白领"工作成本高企的问题，引进了微处理器，因此推动了信息技术的普及。

未来的十年间，经济危机、人口激增、价格全球化带来的压力，将激起新一波的技术进步潮流。这些科技进步看似风马牛不相及，实则极为相关，并有逻辑地结合成一个整体。当前的危机会加速其降临的过程。我们能用一个英文缩写词来记住这个整体：NBIC（Nanotechnologies——纳米技术，Biotechnologies——生物科技，Information Technologies——信息技术，Cognitive Science——认知科学）。

纳米技术通过在物流、节能、制药领域的无穷应用，将为微处理器的再微型化开辟新的视角。碳纳米管凭借其卓越的物理属性，会成为应用材料的首选，尤其对氢的储藏有利，并将令其他如纺织、医药、建筑等产业完全改观。

生物科技将颠覆传统的农业、畜牧业，以及人类健康领域。人们很快就能针对基因缺陷制造药品，或者研究已知药品的不同组合对基因的作用。人们也会知道如何从植物中提炼和生产特别的塑料或组织。接着，对组织重新编程，利用细菌生产化学制品、药品、纺织品，或者利用细菌储存器官，都将成为可能。更广泛地说，人们将更加善于运用生物的复杂性，找到更加成熟、现实的方法来治疗疾病，就像"超量疗法"（Pleotherapy）把已知药物与新成分相结合一样。解码基因组所需的成本大幅降低，将有助于极大提高诊断的精准度，并用干细胞制出人造细胞和人造器官，甚至能让专化细胞恢复到干细胞的状态。

信息技术远未完成对工业和服务业进程的改造。物联网将颠覆物与人之间的互动模式。3D 技术、云计算、"并行处理方式"，将彻底调整工业进程，使大量数据的压缩成为可能，提高计算速度、扩大网络规模，以期满足亚洲与非洲的需求。"语义网络"容许网民用日常语言查询各搜索引擎，必然会给整个教育界、医疗界和咨询产业造成震荡。电讯业现行的 UMTS 欧洲标准，将被美国的 CDMA、中国的 TD－SCDMA 标准所代替。移动电话将成为主要的通讯媒介。新的信息技术，以"可追踪性"之名，也将建立起第一批涵盖物与人的超级监控基站。新型机器人，主要产自日、韩、德、美等国，将遍布于游戏、生产领域和日常生活。它们能在复杂地形负重运输，能帮助完成最艰巨的手术，能把人从家务作业的劳役中解放出来。它们是未来产业竞争力的关键。

认知科学与神经科学一起，将改变脑部药品的研制，颠覆行为分析和学习的过程。届时，人们在知识和健康方面的支出将占据越来越大的份额。老龄化迫使人们对大脑退化类的疾病更加关注、增加投入。知识以越来越快的速度不断积聚，也必然根本地改变所有的学习进程。长期地看，人们对自我的认知与预期会随之变化，对想要的自由与幸福的设计也将不同。

每个领域的发展都离不开其他领域的革新：没有信息技术就没有遗传学；没有纳米科技就没有生物工程；缺少纳米和生物科学，信息技术就实现不了可追踪性；离开生物与纳米技术，如何制造苍蝇大小的机器人并令其听从大脑指挥？认知科学更是存在全面的需求。这种技术进步之间的互动，能够带来指数式的发展。另外，通过现存技术的简单融合，可能出现意料之外的新式科技，比如"Wii"就是两种人们熟知的简单技术相结合的奇巧产物。

新的威胁与伦理问题也会旋即到来。因为每一项新技术，都有可能被运用于军事，甚至是犯罪，而且在人类天性、民主体制中埋下不安定的种子，并可能结出恶果。例证：碳纳米管具有毁灭人体细胞的能力；转基因产品会对DNA结构产生不可逆转的影响；数据基站的指数型增长将耗费大量能源；信号追踪仪器可能变成政治控制的工具、民主社会的破坏者，等等。在能够通过解码人体化学程序，来操纵神经元的集束与突触，连做出这个或那个决定都可以被支配的时候，我们将会自问，个人自由到底还剩下多少……

新技术预示着威胁到来的风险。一方面，只要还不掌握击退威胁的办法，人们的担忧就会减缓这些技术的发展；另一方面恰恰相反，由于对潜在军事应用的关注，新技术的发展也可能加速。

3. 能源和原材料使用效率的优化

能源经济的口号已经空喊了三十年，终于可以看见实施速度的加快了。每一辆车、每一架生产机器所耗费的石油量已经显著降低。废物回收、循环再造也能大量节约原材料。在发达国家，每单位生产的耗能将有规律地继续减少。是的，举例来说，1980 到 2000 年间，售出的罐装饮料数量增加了 60%，制造所需的纯原料消耗却降低了 40%，相关的二氧化碳排放量已经减少了 50%。若此类的进展可在非洲和亚洲普及，不论是在家庭生活还是在工业领域的所有应用中，每单位生产或消费的能源节约将广泛实现。

随着对各种原材料稀缺性认识的逐渐加深，其他方面的改进也将使消耗减少。所有"NBIC"的技术进步都能参与这些改进，尤其是推动作为稀缺原料替代品的复合材料的研制。比如石墨，可以取代电脑中的硅、飞机上的钢，甚至能用于氢的贮存。

4. 经济部门与未来职业的加速发展

上述人口状况与科技领域的变化，将颠覆人们所从事工作的内容和惯例，造就一些必将具有战略性的生产与服务行业。身处危机之中，我们应该特别重视的经济部门包括：能源产业、水处理、基础建设、网络、软件业、信息安全及服务、风险管理、畜牧业、渔业、农业、生态产业、再生能源、空调系统、废物利用、超市、公共金融服务、工资改制、地区行政、物流业、咨询业、健康产业、医用原料、生物制药、私人定制服务、养老服务、新科技企业（如纳米技术、神经科学、生物科技）……

欲使底层民众的脆弱状态得到普遍改善，就会形成对能提供危机保护的供应商的强烈需求：军队、警察、保险（包括金融产品的保障）、可追踪性、监控。那些不能满足于获得合理保护的人们，会希望忘却和忽略现实中的威胁，想与烦忧远远隔离。于是，他们将不但需要大量的文化、娱乐产品（电影、音乐、书籍、博物馆、旅游、视频游戏），而且会在酒精和药物之中寻求慰藉。

企业面临的威胁还将来自于消费者力量的加强，分包商的失信，免费产品的增多。

每一个经济部门中，新的产业将不停出现，必须从现在开始做好准备。自 2010 年始，需求最为旺盛的某些行业将开展在 2004 年尚不存在的业务：绿色就业、生态工匠、治理污染和能源浪费的公共行动、解决应对自由选择产生的焦虑的服务（类似顾问、心理医生、"处方专家"等工作）。

全球化引起的价格下降和技术进步带来的压力，将加速这些变革，造成工资收入问题上的矛盾，并加剧紧张局面的不确定性。

周工作时间、年工作时间持续减少，工作年限随着寿命增长不断延长，这种趋势将继续。除非提供终身的就业保障，雇佣劳动将受到越来越少的青睐。由于企业不再稳固与价格压力作用，不确定性将广泛散布并愈加危险。由于移动技术的入侵，用在工作、消费、学习、娱乐上的时间将越来越难以划分。人们将越来越经常地变更所从事的行业：可以预想，今天的一个学生到40岁的时候，可能已经历过十到十四种不同的工作或职能。工作压力空前加重，将对各行各业都产生相当影响。

职场中的女性化将加快。女性将担起越来越大的责任，然而她们所获薪酬的增长速度则远远落在其工作量后面。在美国，女性取得高等教育学历的机会已比男性高出了1.5倍，而且能够依赖较少的支出和较小的房产找到工作。

5. 地缘政治大变动

重大的地缘政治变化已经开动，并将加速。归因于亚洲与非洲充满活力的人口和文化，储蓄来源的改变，新技术的兴起，西方世界的债务，前述的各种即将来临的危机，以及美国（至少是相对意义上）的衰落。如我们所见，当今的危机就是美国衰落趋势的体现：一大部分美国人在2009年的生活还没有1989年好。

2010年之后，那些最年轻、精力充沛的OECD（经济合作与发展组织）之外的国家，将比发达国家耗费更多的有机能源。长期以来，亚洲的年度储蓄额均高于美国。2012年之后，亚洲的金融资产将超越美国。2006年，中国的GDP仅位列第五，而自2013年始，若按当前汇率计算，中国GDP将超过美国的一半。

未来十年，如果美国不能展现重新成为产业大国的能力，无法重建其金融体系、平衡财政账户，就可能丧失其经济霸权。一旦如此，目前的危机恶化，这个超级大国便会面对最终在政治上依赖其债权国的风险。然而，混乱局面对任何国家都不利，加之很多国家希望美国军队保持强大，因此至少在一定时期内，美国的债权国很有可能伸出援手，不惜借贷也要助其保住霸权地位。

下一个十年内，欧洲就其本身而言，貌似处于经济和人口的停滞状态。除非发生激烈的政治运动——可能性很小——以建立一个真正的联合政府，来负责大型的刺激计划，进行基础设施建设，实施高等教育和研究项目，同时引进和吸收人才。

印度、中国、巴基斯坦、越南、菲律宾、印度尼西亚将成为经济大国。印度人口将超过中国。而中印两国都会被大量问题所拖累，如环境污染、政府治理、不平等、腐败与官僚主义。

非洲大陆上，政府治理与人口、技术的巨大改变能够推动发展。腐败将减少，管制将优化，民主将进步，金融市场将在封闭的国家逐渐开放（已有 16 个非洲国家开放了金融市场，涵盖约 500 个公司），境外投资将增加。非洲大陆的 GDP 从 1980 年的 1300 亿美元到 2009 年的 3000 亿美元，近十年的年均增长率是 7%，下一个十年也应达到 3 个百分点，高于世界平均增长率，然而非洲的严重不平等不会得到真正改善，很多国家仍存在社会暴动的风险。

只有中东，在其变革道路上与更加透明与幸福的社会目标背道而驰，渐行渐远。它困在三个分裂的部分之间：一个政治西方化但经济下滑的地区，一个非洲地区和一个政治脆弱却不断扩张的亚洲地区。尤其是阿拉伯世界，尽管坐拥全球顶尖的相当丰富的自然资源，却听任社会不平等加重，高度贫困的状况将持续。中东的人口将达 4 亿，其中 60% 在城市，平均年龄 22 岁（低于世界平均 28 岁），这个人群生活在 2/3 以上都是沙漠的荒凉土地之上。

6. 一个新的中世纪

被危机触发和推动的所有变革，都在使我们的世界更加多极化、支离破碎，甚至成比例地像极了末期的中世纪。14 世纪，某些城市和集团拥有远比一些国家更加强大的力量；

今天，40个城市区域占有全世界2/3的财富，并且产生90%的创新；这些区域将以一种国家资本主义的方式，增强自治，摆脱国际组织的影响。

这种无序的全球化，将导致传染病的疫情蔓延、生态环境与气候失衡引起的自然灾害、非法区域的迅速扩大。我们将重见当权者的罪行、军阀的压迫、海盗与劫匪的猖獗，随之重现的还会有富豪们的避难所、远离尘嚣的修道院。

现有的少数全球治理的机构组织将面临被清除或被忽视的威胁。实际上，威胁已经存在：在1994年成立WTO和1995年核不扩散条约之后，没有一条重要的国际协议在任何一个全球领域里被签署。大量旨在建立世界性规则的动议（无论气候合作抑或对抗贫穷），无一不遭遇失败或分崩离析。这个世界以某种方式，向着一片混沌迈进，大步流星。

只是，像在中世纪一样，一些合作的形式将被保留和加强：比如现在的FIFA组织，信息网络的保护，航空安全，银行体系与保险推介。此类的机制和管控将被施行；各种规则、监管、仲裁，将实用于众多领域，特别是科技、金融，还有原材料。

二、意识形态演变

在下一个十年里，就意识形态而言，政治与经济、金融各种影响汇集起来，都不会改变世界性的大潮流。尽管批判和议论倾盆而下，尽管宣称和断言有根有据，个人自由仍是或将是全世界人民的首要愿望。这种执着与坚定，将会惊人地蔓延、深入人心，并得以彰显。

1. 个人自由仍是主流价值

尽管危机导致难以解决的矛盾和对立、产生更多的不平等，尽管宗教回归权力舞台、对秩序与安全的需求高涨，此时此刻，每一个人都想要拥有越来越多的自由。

一如往昔，这种自由只在每一个人都真切、具体地希望能够自己做决定时，才能存在。实际上，在经济的、政治的、历史的、社会的每一个人生活的不同语境里，这种非常积极的价值并不是没有其阴暗的一面：它意味着生活的基本目标就是个人成功；它使幸福与物质财富成为欲望和精神动力；它使失去隐私、铺张与不忠成为正常状态；它使从工作到感情的一切关系变得脆弱和不牢固；它尤其会使家庭的稳定性受损，因为人们将拥有越来越多的伴侣。它将带来新的生存威胁，并与别的危机相融合。

自由观念在经济语境里就是追求市场对经济的占领。今天，作为有限私人资产的分配体制，几乎所有人都承认了市场相对于计划的高效性。因此，类似安全或教育的主要公共部门的价格，也将越来越多地由市场决定。公共服务供给与维持的价格水平将越来越被自由观念所左右，它同时也会加剧企业行为与合作关系中的不忠与自私自利。

政治语境里的自由观念则是民主的扩张。也就是说，自由选择的权利体现在以下方面：选举，对人类天性的顺应，公共事业的财务结构（司法、警察、国防、教育、医疗）。民主国家的数目自 1945 年至今已增加了 5 倍，仍将继续增加。至少，在那些政府行为仍具公信力的国家内部，专制强权的司法体系将改观，人权将受到更多尊重，政策透明度提高，思想传播更加开放，贸易、资本与人口的流动也将更加自由。

民主制度与市场经济在任何国家都会相互作用、彼此强化。但是，二者也具备互相抵触的矛盾性质。显然，市场的天性趋向国际化、全球化，而民主仍将长期仅仅驻留在一国国境之内；同样地，市场能够促使真正意义上公共事业的消失，而公共事业却是进行民主活动的基本途径。

2. 强者的乐观与失信，弱者的不堪一击

在这个建立在个人自由之上的观念世界里，乐观主义将继续主宰：那些足够富裕或享有足够保护的人自认不受动荡威胁，会以为他们能够避开可能的影响，从而比其他人更好地渡过危机——因为他们拥有行动自由。许多人愿意相信，生存不是他们的问题，他们会死在别人后面，他们不需承受相同的痛苦，他们可以比别人更好地应对一次争斗或一次不忠，他们不会遇到任何真正的危机，他们所要做的只是等待

一切结束。

结果是，很多国家、企业、个人，哪怕拥有最大最好的保护伞，一旦坚持认为他们不用认真对待也能安渡危机，而不改变其行为方式、其产品、其组织形式，不对潜在威胁进行分析——他们终将死于对生存问题的忽视。

另外，每一个自觉自主的人——雇主、雇员、消费者、情感伴侣——甚至将感受到所习惯的快乐生活方式被干扰、某个契约被中断，进而发现自己也变得越来越没有信用。这种失信，源自周遭环境引起的不安全感，导致更强烈的浮躁和贪婪。工资，将成为比今天更加严重的拜金主义的猎物；爱情，则蜕化为私欲与享乐主义的合成品。

在个人主义膨胀的社会中，将有越来越少的团结、越来越多的不忠，弱势群体的情境将每况愈下、更加脆弱。对他们来说，强者的自由与不忠，会导致各种契约（私人的、公共的、职业的、生活的）权利的丧失、合同不再可信；会令被自己的伴侣或合伙人背叛的几率和风险大大提高。弱者将陷于彻头彻尾的不堪一击。

3. 质疑精英的个人自由观念

在任何一个社会中，政治权力都属于强大的社会集团。这个集团有足够的能力认识和主宰未来，承诺保护其他的社会群体不被各种危机所摧毁，并且塑造一种与时代相适应的意识形态。历史上掌握政权的社会集团、阶级依次有：教士僧侣、领主贵族、工业企业家、金融产业家。

今天的精英们，无法预见未来，无力保护人民，完全辜负了使命。他们以不确定性为荣，从中渔利，并把他们自己的罪行合法化、理论化；他们像享用奢侈品般，在不受限制的自由中生活，取之尽锱铢，用之如泥沙。当人类社会演变的车轮滚滚前行，再一次，如同每一次社会衰败、崩溃的时候一样，他们终是历史的掌中玩物，将成为其自身的掘墓人。

这幅图景将成为现实，只要社会的命运掌握在这样的精英集团手中：他们除了尽可能地享受当下之外，对未来一无所知。然而他们迟早会明白以下的事实——市场经济全球化的大潮中，国家只能随波逐流；企业成为资本的专属服务，一起被金融机构所操纵；企业管理者在 1975 年股票期权降生于美国之后就成为资本所有者的傀儡，唯其命是从；市场所带来的不会是最优平衡，而是更多的不公与垄断；私人利润的最大化不可能满足公共利益；金融中介机构的投机行为，并非如其所说为投资者增值，而只是为自身牟利，并将加剧社会体系的不稳定性；如此被推崇和夸耀的自由，仅仅对占有最多钱财的人有好处。

人们将会知道，那种所谓的个人自由，只能带来脆弱、信任消亡、孤立无援。那时的精英们，必然会迫切寻求生存的策略；而现在，我们就应该将其提上日程。

|第二章|

预期：当前危机之后的
重重危机

有点像地震意味着不可阻挡的地壳运动，危机都是深层变化的轨迹表象，作用于每一个人、每一企业、每一国家，甚至整个人类。

不同危机继续呈现难以预见的各种浅层变化，究其根源并无二致，如同无法改变的板块漂移引起的不可预见的地震一样。

许多危机在等待我们，它们是漫长历史中的不幸事件，是深远变迁的警示信号。不论是本章谈论的具体危机，还是此后章节探讨的长期变迁，两者均同时蕴含着成功的迹象和衰败的威胁。

繁复的危机之中，经济危机仅仅是最为显著的一个。而且，与众人所伪饰的幻象相反，经济危机远未平复。尽管人们已经采取了常识性的对策，经济危机在结束之前，还会触发其他的危机，并使世界受到越发严重的影响。种种失衡，或在不直接相关的领域里激增，或侵入经济生活与危机产生共振。一千零一个威胁将像改变我们的生活一般改变这个世界，与此同时，美好复兴的迹象也将在地平线上依稀可见。

在瞬息万变的境况中安然潜行，避免悲剧收场，争取最好的结局，首当其冲就要理解危机，分析每一次威胁、抓住昙花一现的机遇，预见可能面临的冲击，找到适合自己的前进路线，投身和顺应即将从四面八方奔涌而来的大潮流——例如前章所描绘的未来。

所有危机，无论是过去的、现在的、未来的，经济的、政治的、健康的或私人的，都会先表现为一种剧烈的震荡和断裂，间歇发作的失衡随之而来、不断累积。结束当前危机的途径，与应对其他危机并无二致，不外乎三种：回归原有均衡；在已有的经济体制内部重建新的均衡；以下章节讨论的第三种——现存体制的衰落，以及在不可阻挡的长期演进中兴起一种新的体制与均衡结构。

在某些人眼中，应对危机就像抵抗地震：尝试预测其进程、确定其可能发生的时机，都是徒劳无功的。对他们来说，这个过于繁复的世界杂乱无章，无数的行为主体——经济与政治集团，文化、社会以至环保的组织机构——各自行动、相互作用，导致必然的错误与失衡，我们根本不能拥有对未来的整体见识，只能对各类攻击逆来顺受，只能火烧眉毛顾眼前，只能在混沌中生活、在未知的黑暗中摸索，像一个冲浪者想尽可能地抗衡海浪的力量，又无从预测或逆转其方向与形势，只好在惊恐中等待下一波断路的巨浪或强大的障碍。

这样的被动，必将导致失败的跌落发生在第一处急转。其实如我们所见，优秀的冲浪手能够透彻地了解海浪的波

形、速度和体积，以预见可能的变化形式，相应地制动或提
速，并在险情降临时懂得如何避让。

若说深层危机的全貌、具体日期和详细机理不可能精准
确定，但后十年里世界将经历的各种危机概率还是可以推算
的：一些将是现今金融危机的延伸，另一些完全独立于金融
领域。这些危机在给每个人带来可观影响的同时，也把危险
与希望一并摆在我们面前。

在慎思调整行为方式、面对危机准备行动之前，无论如
何要先认清等待着我们的到底是什么：当前危机之后的，重
重危机……

一、危机过后

让我们从仍在继续的金融危机开始，先来审视由其引
发、并随之变化的未来的种种威胁。为了评估这些威胁的规
模、属性与重要性，就必须分析当前危机的来龙去脉、前因
后果。

1. 现状综述

今天，宣称 2008 年开始的经济危机已经结束的声音愈
发高调。宣称者认为，所有悲观主义的看法都是谬误。他们

相信，只要让金融体系自行痊愈，那么经济复苏的花蕾，就会在春回大地时繁花似锦。

这一假设貌似十分可信，因为世界经济确实拥有强大的可持续增长的潜力。这种潜力来自于可观的储蓄与资金、人口的持续膨胀，还有科学技术的进步——当代科技之迅猛发展对整个人类来说都是史无前例的。经济增长或迟或早，总有一天会在全球范围内重现。实际上，在不同的地方，此国或彼国，每一天都有些许好消息传来。英文中，我们巧妙地将其称为"嫩芽"，也就是所谓的大家翘首企盼的美好春天的预兆。这里，商业活动开始复苏；那里，房地产或者汽车业的销量回升；还有那里，盈利恢复、业绩增长；远方，革新性的新技术或新产品正如火如荼地开拓新的市场；另外——尽管更加罕见——就业情况的好转，失业率下降，有新的工作岗位被创造出来。

强势群体中有很多人愿意相信：近两三年来，各国政府及中央银行所采取的无数救市政策和利率的下调，总能见效。此次危机像以前一样总会过去，旧秩序将恢复，尤其是既往的金融制度体系——哪怕它本身就是危机爆发的导火索。这些人认为，此次危机只是一种清除和解决预测误差后果的机制，能让那些业绩不够好的企业消失，减轻负担、解放资本，失业的劳动力也可以在别处找到更好的工作，反而因祸得福。

然而在危机中沉浮的其他人，特别是那些弱势群体，却非常难以分享前者的乐观看法。

事实是，经济危机远未结束。2008 年至今，各国政府采取的所有措施，以不可想象的过度借贷，最多也只是控制住了危机继续恶化的局面。

（1）雪崩

为了真正理解现状，首先需要回顾，美国金融体系的特定领域——住房融资——中一块小小的断裂与失衡，究竟如何引发了席卷全球的经济雪崩，而且至今仍在肆虐。美国金融体系的动荡，不是危机的全部成因，而仅仅是危机的触发装置，仅仅是全世界经济和政治秩序产生深远变化的开始。

一切发端于 1979 年 8 月的两起并行事件：一是，当时由于通货膨胀和工会衰弱的影响，美国的实际工资停止了净增长；二是保罗·沃尔克（格林斯潘的前任）成为美联储主席。为了抵消实际工资下降引起的衰退效应，沃尔克没有提高工资，而是投身于反通胀的无情战役之中，尤其是推行了紧缩的货币政策。他的成功逐步稳定了工资购买力，降低了贷款成本，提高了资产的预期收益。这样一来，尽管收入不再增长，人们还是可以通过贷款来补贴收入，提高生活水平，并且通过变卖价值不断上涨的资产来轻松还贷。

美国经济自此进入债务时代：利用家庭贷款作为工资增长的替代，股价上涨弥补了收入流停滞的缺陷。只要股市资产和房地产价值继续增长，就能够保持这种状态。事实上，在近三十年来正是如此。

在处理风险越发高涨的金融借贷业务时，银行发现了危险的临近，但其拒绝承担最终的风险。于是，一种转嫁风险的金融机制建立起来，将美国银行发放给家庭和企业的、包括房地产在内的贷款，转售给其他银行，以至整个世界其他地方的各种金融机构。从美国发端，信贷开始大规模发展与膨胀，尤其在住房领域，极度依赖于资产升值的预期。接着，通过杠杆收购的形式，以及其他虚拟程度和风险都越来越高的金融产品，信贷体系扩大到了企业金融领域。银行为了运作，并没有顾忌在贷款违约情况下是否具备足够的自有资金，而是将信贷打包、重组为结构性产品，投注于资产，形成资产担保证券（ABS）及其衍生产品，如担保债务凭证（CDO），相当于对资产未来价值的赌博。然后，银行将这些信贷包转移到遍布全球的其他金融机构——银行、保险公司、私人投资者和投资基金，也把资本从世界各地吸引到美国经济中来，使得美国房地产价格不断上涨、利率下降。为了更好地逃避风险，融资者甚至发明了新的金融衍生工具：信用违约掉期（CDS），它不但可转让，而且扮演着保险收益的角色。这些结构性产品（不论是否包含衍生产品）的交易和以其为对象的投机活动，一步一步地使银行利润大量增长，以致银行盈利占美国国家财政收入的比重在 30 年间翻了 3 倍。

虽然西方的银行理应以投资为导向管理存款，但是作为"发起人"，又享受着信息特权，他们开始动用储户的钱来对结构性产品从事投机，逐渐专注于为银行本身牟利，为自己的账户而非储民的账户工作。银行因此获取了比传统意义上其应得的份额多得多的利润，同时顺便给自己的经理人和管理层分发了大量红利。

1999 年以来，当银行利率将近为零时，这个赢利过程加快了。美国的商业银行重新享有了 1934 年失去的权利，即对公众存款为所欲为的权利，甚至不用通过专业的投资银行就可进行金融活动。于是，随着类似花旗银行与旅行者公司（Travellers）这样的业界兼并，金融产品的超级大市场诞生了，出现了所谓的"全能银行"，如花旗集团、美国银行、J. P. 摩根等等。

如此一来，尽管大部分的实际工资没有上涨，美国的内需与家庭消费还是增加了。美国人不再储蓄，而是通过借贷，购买来自中国的消费品，以及从世界各地出产的原材料和其他一切商品。全球 GDP 以超过 4％ 的年增长率节节攀升，这个速度在人类历史上还是头一遭，远远超过了欧美日的真实生产力所允许达到的水平。

美国的负债疯狂增长：1979 年 8 月，与之前的数十年间相仿，美国的总储蓄率仍约有 20％，家庭储蓄率 6％，债务总值为 GDP 的 160％，家庭债务占 GDP 的 47％；三十年后，美国总储蓄率只剩下 14％，家庭储蓄率已然为负，债务总值将近 GDP 的 400％，家庭债务则超过了 100％。

失衡，是不能永久存在的。第一条裂缝出现在 2004 年。

美国有一小部分最贫穷的工薪阶层，由于过度负债，开始无力偿还按揭贷款。他们的贷款，是由银行在毫无违约调查与预防措施的前提下发放的，即所谓次级信贷，简称"次贷"。与此同时，剧烈的全球经济增长，自当年开始导致了从能源、原材料到消费品的价格上涨，愈发使贫困者的购买力与偿债能力雪上加霜。2006年秋，为穷人建造的房子那难如人意的质量，首先使一片欢乐的房地产市场失去了笑声。2007年1月，随着房价下跌，越来越多贫困的贷款人失去了偿还按揭的能力。2007年2月，抵押债务重组的结构性产品（ABS）和其他金融衍生品（CDO及其中囊括的ABS）猛烈贬值。2007年8月，先于世界上所有银行，法国巴黎银行首次承认，已经无法再估算其金融投机产品的风险与价值，同时发现同样的情况出现在其遍布于发达国家主要银行的所有账户之中。2007年10月，股市开始下跌，特别是标准普尔指数从之前达到的1576点水平线开始下行。然而2007年末，投机产品市场继续增长。举例来说，投注在各类信贷产品风险（尤其是CDS，信用违约掉期）上的赌资再创新高，单单用2万亿美元就承担了超过60万亿美元的保险，比全球的GDP还要高！

2008年1月，因为担心其衍生品无法剥离抵押信贷，美国和欧洲的银行开始害怕流动性与偿付能力的缺失，即不再拥有足够的同业市场资源和自有资金。于是银行减少了放贷，全球经济金融的庞大机器开始减速。然而，只有极少数的观察家和行为主体意识到了问题的严重性与危险性。

2008 年 3 月，第一家重要的美国银行被其市场损失所吞没——贝尔斯登（Bear Stearns）。为了不重蹈 1929 年的覆辙（当年 10 月和 11 月，美联储任由超过 4000 家美国银行破产），当时履新美联储主席的伯南克，连同已成为小布什政府财长的前高盛集团老板亨利·保尔森，一起决定用国库的钱来弥补美国银行系统的损失。这一决定效果明显：贝尔斯登亦得到了联邦政府的救助。其他稍小型的英美金融机构，也都在当年夏天开始动摇和坍塌；还有一些，比如英国的北岩银行（Northern Rock），更是被国有化了。

2008 年 7 月，为了巩固银行资本金，世界主要的中央银行同意复习巴塞尔协议 II 中的条款，并且将银行的资本充足率提升到 6%，以实现"切实降低经济与金融危机的可能性与严重性"的目标。那时有许多人相信甚至宣布，危机的最坏境况已经过去。

而事实并非如此，巴塞尔协议并没有在美国施行，也绕过了欧洲。2008 年 9 月初，华尔街知名投行雷曼兄弟，因为同样的原因——结构性产品市场上的损失与资本金严重不足，已在破产边缘徘徊。美联储犹豫了。如果救助雷曼，那么今后所有其他濒临破产的银行都还可以肆无忌惮地继续高风险运作；如果不救，就等于打开了潘多拉魔盒，让这种陌生的风险无限蔓延，使破产从雷曼涌向其他金融机构。其实救助是可行的：只要国家花数十亿美元买进雷曼的一部分不良资产，剩下的由主动请缨的一家英国商业银行巴克莱（Barclays）进行收购即可。而在 9 月 15 日的那个周末，亨利·保尔森经过一番琢磨，决定不采取任何措施，导致雷曼兄弟宣告破产。这个严重错误紧接着就引起了一系列的灾难，从世界最大的保险合约提供商美国国际集团（AIG）到无数持有信贷赌券（CDS）的金融主体，都因雷曼兄弟的倒闭而危在旦夕。

恐慌降临：人们忽然发现没有谁在控制局势，没有任何人在监管任何事。而且，金融体系之中的所有人，都倾向于维持和发展这个建立在借贷、负债和杠杆效应之上的制度，因为正是这个体制在使其利益最大化，在银行留存的保证金并不与金融产品成比例增长的情况下，分发给特定人群大量的红利。一般来说，贷款与自有资本之间相差的倍数不应超过 12，可是人们发现，在很多西方的大型银行中，竟然达到了 50 倍！政府、央行、评级机构、银行、保险公司、养老基金、投资基金：为了利润，所有人全部妥协了。在接下来行将崩溃的银行里，疯狂的谣言开始流传：不管是谁，都别想再借到一分钱。9 月 17 日，短短几个钟头内，就有 5500 亿美元从美国货币市场中提现。银行流动性不再有保证。企业信贷全面瘫痪。假如在当天，所有的储户蜂拥而至，在美国和欧洲的银行挤兑他们的现金，那么可以想象，名义上的资本主义制度体系，就可能会在一瞬间土崩瓦解。

西方国家下定了决心，不论发生什么，都要挽救它们的银行，但事已成定局：2008 年 9 月末，银行实际上冻结了一切贷款，试图保存其偿付能力；没有人再能进行融资；全球经济增长戛然而止。

首先，为了挽救 AIG，美国财政部拨款 850 亿美元作为它的津贴。人们稍后发现，AIG 马上就向雷曼集团的竞争对手高盛注入了 130 亿美元资金，恰恰是为了偿付那些由高盛向 AIG 认缴的保险合同（CDS），而这些合同的抵押对象正是雷曼！如同所有的企业一样，这已经不是高盛第一次从其对手的溃败与耻辱中攫取利润；但这一次，所有资金却全部来自纳税人的腰包。这也绝对不会是最后一次。

危机涉及的金额急剧扩大，从 2008 年 3 月的数十亿美元上升到几个月后的数千亿美元。由私人股东进行银行资本重组的可能从此便不再存在，而国家则扮演起最终承保人的角色。美国财政部考虑过采取一种救助模式，这种模式于 1991 年仅在瑞典发生的类似危机中曾经获得成功，其他发达国家的财政部随后也纷纷效仿，就是由国家把所有价值不确定的结构性产品（即现在所谓"有毒资产"）统统收入囊中，再将其放置到"坏账银行"（或称"坏银行"）等资产管理机构中。但是对于这次危机来说，如此操作会产生不着边际的成本，因为相关金融产品的清单及其回购价格已经无法准确计算。因此，美国与除了德国以外的欧洲国家一样，决定只在银行同业之间对金融系统进行资本重组，而不是全面地将亏损收归国有。此举清晰地表明了政府的态度：银行是要救助的，利润也是它们的，还有，损失都是属于纳税人的。

2008 年的 10 月、11 月和 12 月，一系列国际会议分别在巴黎、布鲁塞尔、华盛顿等地召开，从 G8、G20 到 IMF（国际货币基金组织），都在商议如何进行会计制度改革以改善银行的偿付能力、提高其资产的账面价值，并且出台了财政刺激措施的方案，以加强流动性。同时，这些方案都具有很大程度的"灵活性"：欧洲计划只占欧盟 GDP 的 1.4%，日本 2%，美国 5%，而中国 15%。亨利·保尔森特别宣布，他将通过"TARP"（救市援助金）计划向美国银行发放 7000 亿美元的救助款，以无息贷款和政府担保的形式实现。他把计划的领导权交到高盛的一个老板——尼尔·卡什卡利手中。为了从计划中得益，高盛摇身一变成为控股方，以无息贷款形式从"TARP"中获得 100 亿美元，此外还享受着能够用持有的结构性金融产品换取从美联储特别柜台提款的权利——而这些产品正是高盛急于摆脱的烫手山芋。

人们在更晚些时候得知，2008 年的最后三个月里，美国的银行总共损失了 800 亿美元，但从联邦政府那里获得了 1750 亿美元的津贴，并且将其中的 360 亿当作分红派发给了银行的经理人。特别值得一提的是，该年度高盛上缴联邦政府的税金只有区区 1400 万美元，却获得了 100 亿美元的补贴，还向其交易商们发放高达 200 亿美元的红利！当年华尔街的四大主要银行（高盛、J. P. 摩根、大通和摩根士丹利）将 450 亿美元的 40%，统统作为红利，派送得一干二净。可这笔笔巨款，哪一分毫不是来自于纳税人的贡献？

除了这些极少数大发灾难财的受益者以外，对所有人来说，2008年惨淡收场。在美国、墨西哥、欧洲和日本，经济衰退大行其道；失业暴增；股市下跌45%；价值50万亿美元的金融资产凭空消失、灰飞烟灭；养老基金价值缩水1/4；商业房地产降价25%；不少汽车制造商停产；政府赤字达到危机发生之前的两倍甚至三倍。

2008年12月底，CDS所担保的资产数额仍有42万亿美元之多，其溢价越来越高，达到5.6万亿美元，再次证明这些资产的风险也越来越高。包括欧美、日本、墨西哥等国家，真真切切地陷入了衰退。发展势头最猛的中国，也面临增长率下降的情况，其经济发展的核心引擎——出口贸易的增长率，收缩到一年25%。印度和亚洲其他国家，以及拉丁美洲的大部分国家（除了巴西），都是一样。即便是那些最富有的人也深受其害：从世界平均水平来看，资产超过100万美元的人财富贬值约有20%；至少拥有3000万美元资产、投资于股市的人则丧失了约25%的财富。这些人大部分分布在美国、墨西哥、日本、德国、英国和中国。

2009年1月，诺贝尔经济学奖获得者保罗·克鲁格曼写道："现在的情况与1929年经济危机诡异地相似。"3月份，在2007年10月初就已达1576顶点的标准普尔股指，直落至666点。从2008年9月开始，美国与欧洲的经济均以每年6%的速度萎缩，推动恐慌达到了高潮。

于是美联储在 2009 年 3 月 18 日作出决定，以"量化宽松"的名义，回购美国银行向其兜售的所有股份，而且不再议价。3 月末，美联储在国会和公众舆论一无所知的情况下，从美国经济中担保或贷出 8.7 万亿美元，把这些从纳税人身上掠夺来的财富，慷慨地馈赠给最终受益者——银行。银行貌似有救了，股票价格便开始扭扭捏捏地微弱回升。

G20 继次年 10 月在华盛顿召开会议之后，4 月 4 日在伦敦举行第二轮会谈，宣称其树立了"世界经济新秩序"的里程碑，给 IMF 特别指派了新的资源，然后谴责了几个避税天堂。事实上，这次会议的决定与宣言对危机毫无作用，债务与投机丝毫没有受到控制，根本没有新的自有资本金提供给银行。政府的策略没有改变，还是用未来纳税人的钱来填补因银行家犯错造成的损失，同时给这些罪魁祸首不断地派发红利。如果说当天的股市加速上扬，那是因为美国银行协会宣布，他们使联邦政府进行了一项会计规则的改革，哪怕这项改革彻底蔑视了巴塞尔协议和国际会计准则。从此，凭借这条新规则，银行便可以将比市价高得多的价值赋予市场上现价为零的有毒资产，不再按市值计价（mark – to – market），而是按模型计价（mark – to – model）。银行的自有资产从而也以虚拟方式增值，因为人们仍可期待这些有毒资产的股价终有一天能够回升。这样一来，即使银行绝大部分的自有资产是被重新打包组合的衍生品残片，甚至是衍生产品的再衍生产品，其最终偿付能力的匮乏便可以在账面上消失得无影无踪，甚至所有的亏损都能够表现为收益……

因此，从新规颁布的第二个月，也就是 2009 年 5 月起，得益于此会计手段：富国银行（Wells Fargo）宣告其资产负债表获得 44 亿美元的改善；花旗集团抹去了 25 亿美元的账面亏损；高盛则公布其 2009 年第一季度的盈利为 18 亿美元，并从市场撤资 50 亿美元，几乎全部以津贴和红利的形式配送给了自己的经理人。美联银行（Wachovia）主席罗伯特·斯蒂尔也是前高盛的一员，在他的银行垂死挣扎的时候，给自己和自己的顾问发放了 2.25 亿失业保险金，即传说中的"黄金降落伞"。

与此同时，IMF 较为悲观地估算，美国和欧洲的银行实际上需要注入 8750 亿美元才能使其自有资本占到资产的 4%，而为达到 2008 年 7 月确定的 6% 的标准，则还缺少 1.7 万亿美元。既然这些银行的现存资本金只有约合 1.5 万亿美元，那么按照 IMF 数据，它们必须使其资本金增加一倍以上才能符合标准！金融体系的现状糟糕透顶，所有人却仍然对所有的抗议声充耳不闻。美国银行依旧视国际规则如无物，欧洲银行亦乐于绕开和忽略这一切。

还是在 5 月，由美国人控制的国际会计准则理事会（IASB）不甘示弱，不太情愿地针对欧洲银行进行了一次改革，与 4 月份在美国的情况类似，却不那么宽松，为的是惩罚其大洋彼岸的竞争对手。直到欧洲银行再一次找到了利用账外贷款来逃避监管的新手段，这次规则改革才告失败。

2009 年 6 月，新一届民主党政府的新任财长、来自美联储的蒂莫西·盖特纳，为了改善银行偿付能力，建议让投资基金回购银行的有毒资产，并由联邦预算进行资助，以此给予银行持有真实货币的机会。但是银行拒绝抛售这些证券，因为它们认为仍旧可以自己的方式给资产定价，并且利用这些资产在投机市场上为自己牟利，而不会再面临破产的风险。从此银行不再贷款给商业客户，却重新开始大肆牟利：顿时衍生品又奇迹般地变得适销对路，银行重投衍生品市场；美联储对低劣债务照单全收；以及在美联储借款的极低利率与银行发给极少数大型公司很高的贷款利率之间，银行总能获得非常丰厚的利润。

总之，美国银行依靠纳税人的万全保障，重新开始不顾风险地冒进，力求使其股东和交易商的利益最大化。例如，高盛的"风险价值"（即亏损的几率）继续上扬。尽管银行不得不稍微降低债务比例，但仍在不断提高投机活动中的账面资金数额——仅高盛一家就每月增持 2500 亿美元。

2009 年 7 月，经济继续衰退：消费信贷余额连续第六个月下降，一个月倒退 10.4%，跌至 2.47 万亿美元。为了能够刺激经济，各国政府纷纷接受无限的赤字。美国宣布当年赤字已远超 2 万亿，而且，即使削弱国债的公信力，也不可能在不加剧经济衰退的条件下减少赤字。2009 年 7 月 27 日和 28 日，中美双边峰会上，美国财政部被迫暗中答应，将一部分中国所持美国国债的偿还与最终通胀率挂钩，因为庞大的公共赤字和央行信贷必然引起通货膨胀。盖特纳即便同意，也是因为他别无选择：美国的赤字需要融资。

2009年8月，尽管威胁相当严重、衰退继续加深，股市却加速上涨。尤其是AIG、房利美、房地美的股票，与其2008年的最低点相比，分别上涨了400％、276％和320％。西班牙桑坦德银行（Santander）2008年11月以4.5欧元发行的新股，在2009年9月初涨到10.85欧元。同时，美国家庭储蓄率下跌至4.2％，是因为美国政府推行"旧车换现金"（Cash for Clunkers）计划激起了购买燃料动力车的狂潮。此计划由联邦财政部慷慨解囊，对车辆消费给予补贴，以便将汽车工业从破产中拯救出来。

9月6日，巴塞尔，央行领导者们决定再进行一次针对银行资本金构成的谨慎改革（即使一年前的决议尚无人执行），旨在降低结构性产品所占的比例。他们宣布："银行将被要求及时行动，把资本金的数量和质量提高到符合新规定的水平，但是提高的方式以促进国家金融系统与整体经济形势稳定为准。"而关于衍生产品仅说到"如果未来有必要创建一个统一的市场"，但是"今天由于产品标准化的缺乏而不可能实现"，相当于只字未提。相反，一个可于危机期间利用的永久性的"反周期"资本缓冲池却在原则上建立起来，根本无法产生作用。同一天，G20的财长会议在伦敦召开，要求美国财长盖特纳增加银行资本金。讨论毫无建树，只空泛地确定了一个奖金上限，对危机而言没有实际的经济影响；会议仅在政治上推动了 IMF 成员国投票权再分配的改革——也是在 4 月份就达成的协议。一系列的措施，都得在"不阻碍经济复苏"的前提下实行，再一次为各种特例大开方便之门。

此外，没有决议被切实执行，因为在银行家游说活动的压力之下，美国国会否决了一切金融改革的提案。

9 月 21 日，G20 于匹兹堡再聚首，完全被伊朗核问题所困扰，只重申道：各国应该保护自己的金融体系，而不要束缚它。像前次会议一样，第三次 G20 会议关注的仍是题外话，并非解决现实问题。接着在 2009 年 10 月上旬，IMF 和世界银行的年会在伊斯坦布尔召开。在股市向好的兴奋气氛之中，一种乐观的表象开始浮现。此时，距 1929 年经济危机爆发 80 周年还有几个星期。不论原则与标准宣布多少遍，银行的自有资本还是远远不足以接管公共开支；失业在各地全面加重；主要国家的债务节节攀升；所有金融机构和整个体系依旧处于无人监管的状态……但却没有人感到担忧。

（2）2010 年的全球经济状况

① 概况。

2009 年已清晰可见的基本趋势，在 2010 年间愈演愈烈：当新兴国家和无数发展中国家快速恢复经济增长的时候，发达国家（欧盟、美国）仍在经济危机的连锁反应中挣扎。2010 年的事实证明，对于非发达国家来说，经济危机只是发展过程中的一段颠簸。很显然，购买力与生产力都在继续由西方世界向亚洲转移。

2010 年的新情况，是基础商品价格的急剧上升，包括食品价格；这对于所有低收入或中等收入的国家都产生了直接、巨大的影响，因为其消费构成中的大部分是基础产品。这种商品价格的高增长，可以归结于三点主要原因，依据不同的政治立场与信仰，每个人都会有不同的侧重点。

首先，是印度和中国对原材料的饕餮与庞大需求。这两个国家经济增长强劲，人口密度极高，使进口大幅增加，尤其是石油和金属。需求增长必然导致价格上涨。

其次，是美国的货币政策。"量化宽松"继续推动美元走低。事实上，美元相对几乎所有的主要货币都持续贬值。既然在国际市场上，基础商品均以美元计价，那么为了抵消美元下跌的影响，出口商们不得不提高价格。

再者，同 2008 年一样，大量投机性热钱、国际游资，纷纷逃离房地产与国债市场，在基础商品市场上寻求庇护。

原材料价格上涨的极端重要性不应该被低估。通货膨胀率升高，带动几乎所有新兴国家的利率上升，阻碍了投资，并且最终可能危害经济增长。鉴于 2007 年以来欧美金融监管的薄弱与无力，输入型通货膨胀很可能导致同样的连锁反应：利率上升、坏账增多，充满投机性的经济体，将如同纸牌搭建的城堡般在一瞬间坍塌。

② 欧盟。

对欧盟来说，2010 年的标志是主权债务危机。由于无法再承受财政负担，希腊紧随爱尔兰，接受了欧盟与 IMF 的"救援计划"。接着，激烈的财政紧缩计划出炉，包括公务员减薪、降低最低工资、私有化、延缓退休年龄等等，都是为了确保债权人——主要是德国、法国和英国的银行——得到偿付。葡萄牙也将被迫采取同样的措施进行"救市"，因为其发行债券的利息支付率，是完全不可持续的。至于欧元区，名单上下一个国家是西班牙，区内第四大经济体。至今为止主权债务危机侵袭的都是相对较小的经济体，实际上真正关键的考验是西班牙。目前，没有任何证据表明债务危机已经停止扩散。虽然 2011 年初，西班牙、葡萄牙和希腊的债券利率相对平稳，那也是中国和日本大量购买其国债造成的。现在，单单依靠这些国家，想要拯救欧元区已经不可能了。欧元区以外的英国，为了减少预算赤字，已经主动采取了预防性的大幅财政紧缩政策。当前的结果并不乐观。

全球范围内，经济危机像显影液一样，扮演着揭发者的角色。不管过去还是现在，欧元区一直很脆弱、易受打击，因为 15 个成员国拥有迥异的国情，甚至施行相互冲突的经济政策，却必须采取统一的货币政策。社会协调性的匮乏、财政与预算的不统一，以及金融市场监管的缺失，就是隐藏在当前危机背后的结构性因素。另外，30 年来的人口约束政策，导致今天很多国家劳动力数量负增长；各国忽视 R&D 领域，对研发的投入大大不足——这些都是非常不利的结构性因素。

③ 美国。

相较 2009 年，除了扩张主义政策加倍地激进，美国的状况没有任何根本改变。在货币方面，新一波的量化宽松政策已经开始：基准利率处于历史较低水平（0.25%），同时美联储大举购买有毒资产，尤其是美国的国库券。目前的估计是，美联储直接购买由美国财政部发行的大约2/3 的债券，因为只有美联储是唯一的买家。未来数月间，这一比例会上升，因为作为美国国债第二大持有者的日本，将需要回流资金以资助重建。在财政方面，奥巴马和共和党人终于就增加赤字达成一致：税负保持不变（不对富裕家庭增加税收），并且增加支出（享受失业救济金权利的时限延长）。因此，2010 年，从 GDP 的数据和购买力与失业率的微小变化上，人们感受到了几丝经济复苏的意味。但这一切能够持续多久呢？

美国消费持续疲软，究其根源，是房地产价格的普遍下跌，抑制了人们偿还按揭或转手资产所可能形成的财富效应。同时，不可避免的财政紧缩措施将为经济复苏带来沉重负担。另外，海外债权人对美元作为世界货币稳固性的怀疑，再次加剧了美国经济的困局。

④ 中国、印度、巴西。

虽然将此三国归在一类确实有人为的刻意，但是中印巴三国确实身处相似的环境中。那就是，强劲的经济增长与居高不下的通货膨胀，迫使央行提高利率、采取多种措施，以打击热钱、阻止外资过量过快地涌入，并且加强对银行的审慎性要求。

这三个国家的经济都会持续快速地增长，只是增速可能会变得不那么激烈。越来越多的观察家认为，中国经济正面临着巨大的投机泡沫，特别是在房地产行业。

⑤ 日本。

对日本人口年龄结构金字塔简单一瞥，就足以预计，该国面临一个急剧的经济衰落，源自其处于工作年龄的人口迅速萎缩的简单效应。地震、海啸和福岛核灾难不仅是飞来横祸，更会悲剧性地加速这一不可避免的变化。核电产业的停滞，将迫使日本进口大量石油、天然气和煤炭，这又将加剧整个原材料价格局势的紧张。迟早有一天，日本的国内储蓄，将不再能够弥补财政支出与公共债务。

⑥ 世界其他地区。

在撒哈拉以南的非洲及拉丁美洲的许多国家，我们将看到经济出现很高的增长率。但必须注意，在大多数情况下，这些美好数字依靠的是主要商品价格的上涨，所以是一种基础脆弱的增长。没有人知道，整个阿拉伯世界的政治动荡何时能够结束，这样的混乱只会蔓延到世界石油市场，并且不断地使价格上涨。

2. 西方世界无法不依靠债务维持生活水平

一如既往，这次危机的根本原因，也应该从长期趋势中寻找。西方世界发现，用来自世界各地的资源维持自身内部消耗的做法，越来越难以为继。本书上述的所有事件，只是冰山一角。具体地说，日益枯竭的西方世界，尽管在人力资源、技术与资金方面都出现短缺，但却通过全球化大市场的建立（尤其是国际金融市场），将各种资源从世界各地撷取到自己手中，并不惜以全球金融泡沫为代价，试图维持原有的生活水平。

国家负债—法治缺失—西方枯竭。由于危机，这个环环相扣的周期还可能持续很长时间。不管是对于国家、企业，还是个人来说，它都将给明天的生存带来严重威胁。

（1）没有什么能阻止西方的枯竭

过去的 10 个世纪以来，欧洲、美国和日本，先后以其利益为中心，成功地调动了任何重大的现实发展所必需的四个要素：人口，技术，储蓄资金和原材料。这些发展要素的获得，要么在国内生产，要么通过购买，要么通过抢掠。因此，在历史上的每一个时期，西方世界的中心城市，都掌握和不断吸引着所有的资源、所有的精英、所有先进的科学技术。这些城市先后分别有：布鲁日，威尼斯，安特卫普，热那亚，阿姆斯特丹，伦敦，波士顿和纽约。直至 1980 年代，加利福尼亚的中心地带拿到了接力棒，聚集、调配和利用了一部分举世独有的人才、资金与原材料；到 2006 年，在美国主要的科技与理工大学里，2/3 的学生来自亚洲；在美国验证、注册、存放的专利项目，占到全世界的 1/4；从 1995 到 2005 年间，在硅谷创建的企业公司中，有超过一半来自于这些国家的新移民。

直到危机发生之前，所有的人似乎都在这种虚假繁荣和表面增长的延续之中受益：西方世界哪怕资源枯竭，其成员仍可或多或少地保持经济增长，继续掠夺全世界。企业不用提高工资，也能增加产量与利润；劳动者拥有工作，并且感觉自己在创造财富；连最贫困的人，也可以享受住房；各种股东们赚取大量的资本收益；美国保留其绝对优势；南方国家被全面卷入如火如荼的全球经济增长之中；世界各国政府都用未来纳税人的钱，来保障当前的充分就业；最后，国际金融体系还起到了推动全球财富巨大增值的关键作用。

然而，任何体系都会终结。今天的西方，已经不再能够满足众人的期待而继续为世界做出贡献、保持领先，甚至开始失去原有的吸引力；整个西方渐渐丧失了在危机中生存的要件（本书将于后续章节中详述）——自尊、对衰落和灭绝的恐惧，以及与其相关联的为生存而战的意愿和渴望。很多来自世界其他地区的人——这些迄今为止都自愿源源不断地为西方带来才智与资源的人——也开始认为，或许他们生活在自己的家乡能够过得更好。很多亚洲的投资者已经不再觉得，把他们的资金委托给西方的银行或投资机构是唯一、最好的选择。很多来自亚洲和非洲的留学生或经理人相信，回到家乡他们能够拥有更多发展机会，况且西方世界也越来越不愿意接受和欢迎来自南方国家的人。事实上，如果说南方不发达国家的低素质劳动力仍然希望到北方发达国家工作，那么同样有越来越多的、在发达国家接受过良好教育的、来自南方国家的高素质劳动力，选择回归地球欠发达的另一半，去创建自己的事业。相反，有越来越多美国和欧洲的年轻人，愿意去往亚洲、非洲和拉丁美洲开拓新生活，试试运气，那里的科学实验室与研究机构得到发展壮大，新的技术进步与学术发现被创造出来，未来的科技将不再被西方独占：它们将会——甚至已经——越来越多地出现在中国、印度、俄罗斯和巴西。

为扭转这一趋势，西方国家所能做的，只有力求恢复自己在人口、才智、观念上的力量与优势，或者至少以收益大于成本的方式，从世界各地重新吸引和汇聚资源。然而事实却是，西方国家毫无作为，除了向全世界借债、用来继续随心所欲地赚取投机利润之外，甚至没有提出一项令人信服的、可持续的还债计划，就好像随着时间流逝，奇迹般的解决办法就会从天而降。我们很快将认识到，坐以待毙而无所行动，永远是最糟糕的求生策略。

（2）债务从家庭转移到银行，从银行转移到政府，一切终将失控

就像以往一样，为了抵消内部能源的枯竭，西方世界这颗衰弱不堪的全球的"心脏"，饥不择食地向全世界的投资者借用一切可能维持其生活方式与经济增长的资本。就像以往一样，这颗"心脏"将逐渐枯竭，也必然出现另外一颗新的"心脏"来取代它。

事实上，家庭从银行取得的贷款，将越发难以偿还。在美国，银行将不得不接受违约家庭无法偿还信用卡及房产债务的事实（至少一半的次级贷款不可能得到清偿），还没算上美国商业房地产的信贷损失（其金额高达3.5万亿美元，1/4已证券化并大面积亏损）。在欧洲，银行的损失总额将至少达到1万亿美元。总体而言，西方银行将没有足够的资金来弥补新的损失，缺口至少为1.5万亿美元。这个数字可以作为丈量西方世界枯竭程度的一把尺子。

在当前的市场状况之下，银行所必须进行的资本重组，只可能来自于政府的救助；然而即使是政府，现在也已经无能为力。2009年，OECD各成员国政府新增债务额达5.3万亿美元（其中2万亿属于美国），占这些国家GDP总和的9%。这些公共债务仍旧不受任何法规的约束，没有人在意其偿还的时间与方式：在美国，美元是一切的主宰；而在欧洲，欧元如同面具，将大家的弱点统统掩盖起来。不过目前为止，只要西方央行还成功地保持信誉，来自亚洲和海湾地区的主权基金及投资者，似乎仍然会继续保障西方的债务融资，为其源源不断地献上资源。话说回来，除了投向西方国家，在保证政治安全的前提下，他们还能把储蓄放到哪里去？

（3）没有任何有效的国际或国内监管以重新建立必要的约束

为了使全球经济恢复平衡，又不至造成任何国家的破产，应该采取能迫使危机中的政府平衡预算、银行重置资本的强有力手段。这种手段并不会存在于每个国家的内部，国际金融监管体系的角色恰恰是：创立与建设限制各种失衡与过度投机的约束机制。正如欧元区经验所证实的那样，政治上来说，一个国家往往更容易接受来自外部的限制，而不是依靠内部决议的自律。

然而到目前为止，毫无动静。1934 年，西方国家政府曾经实施过严格的银行法规，尤其分别针对商业银行和投资银行的运作。但是这一次，尽管从 G8 到 G20 的无数会议不停发布各种通知，事实依旧貌似不需要任何改变。实际上大家都知道，这是因为真正有效的措施，必定会阻碍银行信贷，并且要求各国都采取极其不受欢迎的紧缩政策。

而且在美国，芝加哥与华尔街之间还爆发了一场无声的战争，为的是抢夺衍生品市场的控制权；正是奥巴马总统的大本营芝加哥，早已成为原材料衍生品市场的主要所在地。与此同时，美国银行家协会（ABA）正竭尽全力地使提升银行自有资本的法规尽可能产生最小的作用，也防止美联储成为其主要的监管机构——哪怕这是奥巴马总统的决定；ABA还对成立一个负责保护消费者权益的政府机构的提案持坚决反对的态度。事实上，奥巴马政府已然屈从于华尔街的淫威之下，至今未能使国会投票通过任何针对金融体系的改革计划。

相对于美国而言，欧盟的 27 个成员国似乎也并不能够做得更好。他们割裂了银行管制政策的一体性，将责任分别推诿给各国当局，因此，等待他们的只会是管理与秩序上的无比混乱！

此外，一些 G20 会议的与会者在伦敦和匹兹堡提出的动议也统统被否决了。这些动议旨在：监管评级机构、对冲基金、杠杆收购（LBO）和无追索权的债务，禁止金融机构为中饱私囊而进行投机，尤其是控制 CDS 产品中的投机头寸，等等。

总而言之，我们这个世界的现状就是：资本机器在全球失控；银行和金融机构在各国政府的庇护之下，不受任何限制地提高风险；西方的债务继续增加，经济失衡愈发深重；每一个人所将面临的生存威胁，只会不断累积，直至泰山压顶。

3. 预测 2012 和 2013

下面让我们尝试着把即将到来的威胁，看得更清楚一些。

（1）经济增长态势

根据联合国发布的《2011 年世界经济形势与展望报告摘要》，全球经济从 2009 年第二季度开始缓慢回升。但是这种复苏仍旧十分脆弱，其增速于 2010 年第二季度又开始放缓。该报告担心，对经济的政治支持一旦下降，在各国政府深陷预算危机的背景下，将危及经济增长的复苏。人们所关注的议题还是：银行是否能成功稳固其资本基础、打击高风险资产，房地产市场是否得到改善，信用是否增长，失业率是否降低。处于危机核心的国家，在其预算与货币政策方面，仍然鲜有国际层面的合作与协调。这就为国家经济体注入了大量的流动性，使人们担心汇率波动的风险，既会加剧结构性失衡，又将破坏全球经济的稳定性。

尽管 2011 年全世界 GDP 总增长率应可达到 3.1% 左右（悲观预计 2%），2012 年将达到约 3.5%；但不是所有国家都能得到类似的结果。发达国家的经济增长仍然非常不容乐观，尤其在财政紧缩政策的影响下，失业率必将居高不下。至于发展中国家，2011 年的经济增长虽将温和放缓，但终究蕴藏着巨大的潜力；亚洲的发展中经济体将继续领跑，崭露头角。但在主要发展中国家经历高增长的同时，世界上最为落后的国家和地区仍然不能冲出困境，发挥不出其应有的潜能。

（2）失业

全世界仍需要创造出 2200 万的就业机会，才能重返危机之前的水平。就算经济增长以目前的速度恢复，完成这一目标也需要 5 年的时间。受到最大打击的是发达国家，其长期失业人数大量增加。虽然发展中国家的周期性失业率也因危机大肆高涨，但在 2010 年间已经大幅回落。

（3）商品贸易和原材料价格

据统计，2010 年全球商品贸易恢复增长的速度是

10.5%，而这个势头会在接下来的几年内发生萎缩，预测将下降到6.5%左右。世界贸易的发动机还是发展中国家：其出口已经恢复到危机前的水平，进口也持续增加；但主要发达国家的进出口水平仍然低于危机之前。

全球各种报告普遍预测石油价格将在2011年下降，这与当前的形势极其矛盾。但其在金属价格上涨方面的预测相对准确；同时基础食品价格由于投机的风行，以及农作物收获品质导致的供应不确定性，也将非常脆弱。

（4）警惕最主要的风险

① 财政紧缩政策挑战经济增长的恢复。

未来几年，发达国家的平均债务数额将会达到其GDP的100%；债务危机很可能会蔓延到那些持有主权债的银行和机构之中。同样，发展中国家与转型经济体也深受债务问题困扰；2009年，其偿债额与出口量的比率已经达到82.4%。

② 汇率波动与货币错配的加剧。

美元疲软和资本涌入，给发展中国家的货币造成了极大的升值压力，迫使其试图通过人工干预，影响、掌控外汇市场。货币的错配与失调，不仅是贸易保护主义措施的温床，更会对全球商业与国际金融产生威胁。

③ 全球经济失衡日益恶化。

结构调整的强硬手段将必不可少，特别是应该大力整顿美国的外债。把美元贬值作为重建经济平衡的一个解决方案，必将损害美国消费者的购买力、阻碍国际贸易的复苏，最终还会破坏国家间货币政策的协调与合作。

（5）政府政策的风险与挑战

① 经济增长刺激政策的继续与协调。

各国政府会继续通过短期的货币和财政政策，刺激消费与私人部门的信贷需求。

② 重新定义与规划税收政策和公共投资。

各国政府应该使其政策有利于推动就业情况的改善；还应该使经济适应一种新的、更加可持续的发展模式，比如更多地关注绿色能源、公共交通等领域。

③ 制定货币政策时考虑到国际平衡的必要性。

各国政府之间，应该经常性地就支持性的货币政策进行协调，比如规模、幅度和时点，以减少失衡。为了重新平衡全球储备体系，必须减少对美元的依赖。为了实现世界新千年发展目标，各国政府间合作促进国际金融体系监管、提高相关政策制度的透明度、增加可用资金的能见度，将是必不可少的。比如在G20成员国之中，通过划出"目标区域"分配责任归属的方法，也能有助于确定合作的优先领域和具体目标。

二、危机重重

除了摆在我们面前的危机之外，还有许多其他的危机——经济的、气候的、生态的、健康的、政治的——很可能在未来十年内出现；此外，我们中的每个人都可能遇到生活中不可避免的各种危机。这就要求我们，必须掌握具体可行的生存策略。

1. 其他经济危机

除了上述危机演变的主要路径，世界上永远可能发生新的意外，甚至能够改变事件的整体进程，或对地球上的任何一个居民产生威胁。下面举几个例子。

（1）企业缺乏资金

在西方经济体中，企业其实与银行一样，也存在着严重的自有资本不足的问题。实际上，很多企业过度借贷，已经资不抵债，包括那些通过杠杆收购购买的公司，以及那些向银行缴付了过量证券的公司。所有的企业都面临着寻找资金的极大困难，因为银行更愿意为了自己的盈利进行投机，而不是将资本注入企业。有的银行甚至倾向于促使企业破产，也不想成为其股东或投资方。

此外，以风险为基础的监理制度 Solvency II 将于 2012 年开始生效，主要针对保险公司进行改革。表面上看，该制度的重点是控制保险公司的风险状况及风险管理机制，但是实际上，它会迫使保险公司减少投资于非上市公司的资本，将其更多地注入风险市场，令企业融资雪上加霜，并且危及养老基金的投资方向。

显然，企业需要股东与投资，除非，我们可以想象一个没有资本和资本家的资本主义制度……

（2）中国"泡沫"的破灭

中国经济尽管仍在强劲增长，且具有世界上最大的规模，但并不是不可能在人民银行巨额贷款的重压之下崩溃。一旦出现这种情况，将会引发国内资产的大幅贬值，尤其是股票和房地产。当市场完全实现了"中央帝国"那庞大的产能过剩时，经济泡沫就可能爆炸。

仅以生铁市场为例，2009年10月，在中国港口的铁矿石库存高达约三个月的消费量，大大多于习惯上的少于一个月的额度。然而与此同时，中国的钢铁生产商正面临着成品库存臃肿、滞压的窘境——其工厂的产能为6.6亿吨，但是需求只有4.7亿吨；另外还有超过2000亿美元的赌注，以结构性金融产品的形式，押在生铁的价格投机上。在天然气及其他原材料的市场上，也是相同的情况。

这种危如累卵的情形，可能导致某一天中国股市的突然崩溃，那么这个国家的经济增长率一旦远远低于8%，就会掀起社会狂潮、引发严重的政治风险，接着使全球金融市场产生混乱与下跌，更加令信贷市场将企业拒之门外，从而必将导致世界再一次陷入新一轮的经济大萧条。

（3）贸易保护主义者的诱惑

经济萧条的铁律，将造成世界商业贸易的倒退与衰落，也很可能促使各个国家都想要保护本国的就业，甚至强迫那些由纳税人供养的银行与公司机构只能在本国境内进行招聘或采购。

不少近期出台的政策和决议正在往这个方向发展。制定者包括从美国国会、英国下议院、德国联邦议会，到西方各国大小银行的众多机关。具体措施包括：《购买美国货法案》（Buy American Act）和《华人雇佣法案》（Chinese Act），韩国针对小麦、面粉与天然气所征收的双倍进口关税，印度对进口中国玩具所采取的限制，印尼、巴西和石油输出国组织为本国企业储备未来油田资源的决定，以及世贸组织陷入僵局的多哈回合谈判，这一切都在预示着贸易保护主义的重新兴起，其必然将对全球经济增长复苏造成灾难性的影响。

（4）恶性通货膨胀

在由央行创造出的 5 万亿美元的庞大流动性、公共赤字增加、原材料价格上涨的共同作用下，有朝一日，滞涨——经济萧条中的通货膨胀，很有可能重现。那时，整个世界就会变成一个如假包换的"魏玛共和国"（作者特指德意志在 20 世纪初通胀严重、资金缺乏、深陷史所未见的政治动荡与经济崩溃的国家状态——译者注）。事实上，通货膨胀早已在股价的上涨中，以某种方式表现了出来。它还可以随着房地产、原材料、衍生产品的价格上涨继续膨胀。如果通胀蔓延到农业和工业产品的价格领域，那么就会拥有抵消公共与私人债务的作用，但其代价将是弱势群体及社会中下层人群金融资产的急剧贬值。

然而在很大程度上，通货膨胀受制于推动了商品和劳务价格下降的全球化，也受制于缓慢的货币流通速度。其实如我们所见，银行是利用接收到的流动性来增加自己的资本和利润，而不是为真正的投资活动筹集资金、注入信用。此外，即便商业银行在贷款方面变得更为积极大胆，央行也总能找到和运用某些工具降低货币流通速度，并缩小银行资产负债表的规模。因此，最终通货膨胀必定不可避免，成为又一项摆在国家、企业、每一个人面前的新的威胁。

（5）美元的崩溃

鉴于美国国内和国外数额庞大的公共债务，作为储备货币的美元早就应当被废黜而由别的货币取代。其实，只要美国的债权国最终完全失去了对美元的信心，并能为资本金找到更安全、更有利可图的去处，他们必将停止购买美国国债，尝试出清持有的全部美元，并展开广泛的外交攻势，以用特别提款权或一篮子货币来取代美元作为储备货币。

要想继续为其赤字融资，美国应该停止向国债购买者支付高利率，不再竞购偿债成本。因为这样做只会加剧赤字、贬低美元，并且给全球经济和国家、企业、个人再次带来灾难性的后果。

特别是，一旦欧元走强、发展稳健，加之中国的人民币实现可兑换，在此次危机演变抑或后续的危机过程中，美元崩溃将成为事实。其原因会更多地来自政治而非经济层面。

（6）美联储的破产

还有一个不太可能降临的风险，但却极具系统性，就是美国联邦储备的破产。

多数银行配售给美联储的结构性产品确实使银行受益，但总有一天其实际价值将几近为零，最终导致美联储的巨大损失。届时，美联储只能先在资产负债表的账面上承认亏损（总额将超过约 4 万亿美元），然后再用来自于政府的贷款或津贴覆盖它。可是，如此巨大的亏空，很难想象联邦政府能够如何筹集这笔资金！接下来可能发生的事情，就是完全不为人所知的领域了……

（7）欧元的形势

2008 年金融危机爆发以来，欧元区的局势显著恶化。欧洲货币显著贬值，汇率直逼 4 年来的最低点，甚至降到 1.23 美元以下。法国国家经济研究与统计局（INSEE）预测，2011 年，1 欧元的平均汇率将为 1.33 美元、112 日元和 0.86 英镑。2010 年 11 月开始的欧南国家（PIGS：葡萄牙、意大利、希腊、西班牙）财富基金遇险和主权债务危机造成欧元大跌，随后的爱尔兰和今天的匈牙利，再使欧元境况雪上加霜。这些国家在危机期间大肆扩张赤字，助长了投机活动，导致其主权信用级别被评级机构降低，贷款利率上升。举例来说，在银行业特别举步维艰的爱尔兰，赤字占 GDP 的比例从 2009 年的 14% 上升到 2010 年的 32%。在西班牙，对银行系统进行结构性重组的成本是先前预计的 2 倍，将耗资

4000 万到 5000 万欧元。

因此，金融部门面对主权风险的不确定性增大。同时，信心的失落与融资成本的上涨也制约了消费和私人投资。面对身陷危机的国家债务重组的重重风险，投资者们往往选择抛售欧元区的债务，转向美元或黄金寻求庇护。由欧盟通过的欧元区稳定计划只包含 7500 亿欧元；而从现在到 2013 年，仅到期的债务就达到 2.3 万亿欧元，几乎是计划资金的 3 倍。还应该注意的事实是，为了控制预算，IMF 和欧盟一致要求负债国家实施严厉的紧缩计划，这将会影响各国内需，使经济增长的步伐愈加缓慢。

在此重大危机的背景下，由于欧洲的单一货币使得各国难以通过货币贬值缓解困局，欧元区解体的问题已经被正式提出，引起热议。但是这种可能性很小：虽然危难缠身，欧元依然是欧盟货币稳定性的保证，也符合金融市场需要欧元区实现可持续发展的预期。实际上，对各国来说，退出欧元区的代价过于高昂：因为只要退出，其本国货币一旦相对欧元贬值，将导致以欧元计价的债务额增加，并引起利率飙升，得不偿失。至于德国，唯一有经济能力决定脱离欧元区的国家，也清楚地知道，那将造成本国货币兑欧元的大幅升值，会对其出口部门产生毁灭性的破坏。加之欧元区解体必定深远地影响欧盟的整体规划、打击整个地区，然而众所周知，德国对欧盟怀有强烈的依赖，应该不会允许这样的历史倒退发生。同时，欧元在全世界的央行储备中占有 27% 的份额，而且在未来二十年里，极有可能与美元和人民币一起，成为世界三大主要货币之一。

因此，欧盟成员国不但应当突出加强各国政治合作的必要性，以求解决区内各国遇到的不同问题，而且必须争取达成财税政策的协调统一，才有可能打造出一套经济增长的集体战略，更加有效地应对危机。可在未来几年中，要将此构想落实到具体行动上，必定是非常微妙和棘手的，因为各国对其预算及财政政策的管理与控制，毕竟被认为是国家主权的重要组成部分。

（8）中国的货币问题：特别是汇率问题与人民币国际化

2009年以来，中国逐渐开始进行其货币国际化的运动，计划应会在15至20年间持续开展。国际化首先促进了人民币的海外流通。事实上，与中国接壤的周边国家正越来越多地接受人民币作为支付手段的一种。这些国家的政府支持人民币国际化的力度，在很大程度上取决于其国民对中国货币稳健性的信心，以及对本国货币可能发生相对贬值的预期。东南亚一些国家，已渐渐把人民币作为储备货币和支付手段。东盟内部关税壁垒的取消，催生了使用一种共同货币以简化交易、降低成本的需要，恰好起到了推波助澜的作用。因此，仅由于人民币自由兑换的缺失，阻止了其正式成为该地区的国际储备货币。但是，中国已经开始授权二十几个省市以及设立在这些地方的外国公司，在国际贸易结算中使用人民币。目前各相关交易的数额，已达约200亿美元，并且预计还将增加。未来五年内，中国对外贸易的 1/3，都可能以人民币来结算。接着，2010 年 11 月，中国中央政府再次在香港发行了一批人民币国债。以人民币计价的债券发行量肯定相当有限，但这又一次表达了中国开放更多人民币自由使用权的意愿。

与此同时，人民币也开始逐渐对美元升值，这个运动在今天呈现加速的趋势。2010 年 6 月中国人民银行决定继续汇率形成机制的改革，使其具备更大的灵活性。决定作出以后直到 2011 年 1 月，人民币已经升值 3.7%，这一趋势在 2011 年将会继续，达到 6% ~ 8%。借着一次庆祝新年的讲话，中国央行行长强调道，中国愿意切实加强货币政策的灵活性、针对性和有效性。中国必将循序渐进地，面对资本流动慢慢开放边界。

控制这种渐变的节奏，可能有助于缓解中国当局的担忧。如果人民币的可兑换性转变得过于突然和猛烈，必然带来巨大的风险，甚至引发货币战争，对全球经济产生灾难性的影响：货币冲突会激起不同市场（资本、商品和服务）上的保护主义措施，还会触发原材料价格的上涨。货币战争并非不可避免，解决的办法众所周知：美国必须恢复账户平衡；欧洲齐心协力减少债务，培养共同的借贷能力；中国则应该通过切实提高国民的生活水平、改善公民待遇，来扩大内需、带动消费，使经济增长得以持续。所有国家和政府都应该在全球范围内，针对资本的优化利用达成一致，在不管是工业的还是公共的重大国际项目上通力合作——也只有这样，才能让世界重新走上健康发展的道路。

总之，当前形势下，中国不论在国际货币体系的改革运动、还是在 G20 乃至 G8 集团中，都应当承担责任并且尽量扮演主要角色。

2. 一个主要的能源危机：石油峰值

可以预见，在紧接下来的数年内，原油产量将出现不足，先是暂时性的，而后变为长期状态。如果人们对此毫无防备的话，必然同样导致重大的经济危机，因此应该学会石油短缺时代的求生法则。

第一个极限即所谓的"石油技术峰值"，是指因勘探投入不足而造成短期内产量供不应求。第二个极限，即"绝对石油峰值"。此峰值到来的时候，就是全球已知石油储量已耗费一半、剩余储量真正开始枯竭的时候。

石油技术峰值近在眼前：当前的经济危机，使石油勘探投资大规模地延迟或降低，从而将显著减少中期供应量。即便危机延长、经济缺乏动力，下一个十年里，对石油的需求也会随着地球上新增的十亿人口而水涨船高。石油技术峰值将赋予海湾国家更多更强大的权力和影响力，只要那些拥有足够资源的国家先于他人解决技术和资金问题，就能随心所欲地操纵油价，并从中牟取暴利。

相对而言，绝对石油峰值到来的日期则要不确定得多。

根据国际能源机构的报告，在 2030 年以前，必须找到相当于 4 倍沙特阿拉伯储量的石油资源，才足以维持当前世界石油的消耗水平；而若想满足全球不断稳步高涨的能源需求，则需要找到 6 倍于沙特阿拉伯的储量。除非开发美洲深层页岩中的石油资源、并造成不可挽回的巨大生态破坏，否则这样的天文数字简直是不可思议的。石油峰值研究协会（AS-PO）的地质学家们表示，绝对石油峰值将在 2014 到 2018 年间到来，另有乐观派将期限推迟到 2060 年左右。可以预见的是，天然气峰值在石油峰值出现之后的 10 年内，将随之到来，接着再有 40 年就轮到了煤炭。但是也有其他专家持不同意见，他们相信这个冲击永远不会发生，因为人们已经开始转向其他的能源来源，正如历史上，人类从利用木材转向煤炭、又在 19 世纪和 20 世纪转向石油一样。

不管石油峰值会以什么形式在何时到来，在那以后世界原油产量都将以每年 4% 的速度下降。所以，未来的 20 年中应该争取使化石能源的人均消耗量降低 3/4，同时重新定向经济发展和个人生活的模式，只在暂时不可替代的领域运用石油，比如汽车和航空工业。

虽然这些指标的日期依然不确定，但是为了使油价上涨而有利可图，石油公司和生产商们更倾向于使人们相信石油峰值正在迫近。毫无疑问，一旦这种变化被视为可能，油价必将飙升到每桶 100 美元以上，再次酿成一次新的全球经济衰退的风险。

因此，为了发展其他替代能源，稀缺性原材料也应该引起我们的注意。比如制造电池所必需的锂，最重要的矿床位于玻利维亚；还有中国的稀土资源。

3. 重大生态危机

全球中产阶级的增加，将不可避免地导致基础产品消费的增加和物价的上涨。印度及中国，在煤炭和钢铁上的消费，已经超过了世界总量的一半，并且很快将达到2/3；非洲也会在不远的将来加入二者的行列。对粮食的需求将会暴增，为了满足这种需求，已有国家开始购买或租赁非洲、东亚、拉美和俄罗斯的土地。对水的需求也将大幅增加，尤其是农业用水。另外，城市化进程、干旱的蔓延、大量的浪费行为，也在威胁水资源的储蓄与供应。每年，仅全世界被浪费的水资源就可以满足印度和美国水力发电所需水量的总和。

自下一个十年始，此类事态的发展将触发碳排放量增长的加速。今天，法国人均碳排放量是每年9吨，在美国则是23吨。据测算，如果全球人均碳排放水平不能够下降到2.5吨，那么气候危机指日可待，人们将不得不亲身承受危机的后果，例如日渐频繁的极端温度、风暴、干旱、洪水，以及随各种天灾而来的人口流动与经济损失。再一次，人们必须对此做好准备，并在危机中设法求生。

可以预见，因为二氧化碳的大量排放，2025年左右，对人类生存至关重要的海底珊瑚将遭受毁灭性的破坏，引发重大危机。珊瑚礁是 1/3 的海洋物种的避难所，保护着海岸线免受潮汐与海啸的侵袭，并能防止有毒藻类（如 Gambierdiscus）的繁殖，避免鱼类产生有害的毒素。然而，随着海洋酸性与温度的升高，珊瑚礁注定将很快面临灭绝，一定程度上也归咎于二氧化碳的过度排放。只有在二氧化碳浓度为 350ppm 时，珊瑚礁才能保持健康，但现今生存环境的浓度已达 387ppm。大约有 40% 的珊瑚礁已经出现一定程度的退化，很大部分位于印度洋和加勒比海；更有 10% 无可挽回地消失了；澳洲的大堡礁，很有可能在 10 年之内大面积降解，并于未来的 20 多年间死亡；甚至全球范围内的珊瑚礁，都遭受着于本世纪中叶全部灭绝的致命威胁。那将导致海洋生命的大量灭绝，也最终使人类本身的生存条件愈发艰难。

另外，到 2030 年以前，如果人类面对海洋及生态危机缺乏协调统一的行动，那么一个"泡沫"就会以至少两种方式被创造出来。一方面，就像当年的互联网泡沫一样，人们可能会见证对从事所谓"绿色经济"企业的价值高估。投注于这个新兴产业的专项基金，在 2007 到 2008 一年之间就已增长了 42%，是 2001 年的 12 倍，并于 2009 年再次翻番。如此经济泡沫一旦萎缩，必将产生与互联网泡沫破灭时相似的衰退效应。

另一方面，以减排为目的，排放权交易市场将被建立并快速发展，成为一个容量数万亿美元的大市场。随着各国政府逐渐减少一般可交易权的数量及启动碳排放税的课征，排放权的价格将会上涨。这又是一个金融体系求之不得的泡沫，再次给风险机构提供了谋取私利的机会。

4. 健康与教育危机

　　另一场对每一个人的生存具有根本性影响的危机，已经潜伏在我们中间，但是环顾世界，没有什么人真正对此有所准备。健康危机，也是与长期趋势有关的社会经济失衡不断积累的后果。随处可见，预期寿命的延长使医疗开支大幅增加，也使其在 GDP 中所占的份额不断扩大。越来越昂贵的诊断与治疗技术，被用在越来越多的个人身上。虽然全球医疗卫生体系的效率不断提高，预期寿命几乎普遍性地迅速延长——在某些国家如法国，健康长寿者的数量增长的速度不断加快——但是，这个体系的生产力以及对经济的贡献，却远远不及其他行业增长得快。毕竟，健康产业的主体，是一部分人向另一部分人提供的服务总和。最终医疗保健开支的绝对价值，不可能像其相对价值那样增长。

　　例如，在拥有极端商业化的医疗保险制度和效率极低的医院系统的美国，其医药卫生开支占 GDP 的比重，也从 1990 年的 12% 上升到 2009 年的 18%，而在法国仍旧只占 11%。美国联邦政府负责这笔开支的 3/5，其余利润最高的部分则归私人保险公司所有。尽管开支庞大，仍有 4000 万

65 岁以下的人没有保险，超过 40% 的劳动者不拥有自己公司提供的医疗保险。美国卫生保健系统是如此复杂，令人眼花缭乱，至少 25% 的支出花在行政管理上，或者源源不断地流进保险公司的股东囊中。

如果目前的趋势继续下去，全球健康事业支出将每年以至少 5% 的速率增长。无论各个国家的 GDP 如何增长，无论监管机制怎样到位，无论政府再怎么强调疾病预防、打击仿制药、加大对医院和非营利性诊所的控制力度，结果都是一样。2030 年美国人为其健康的花费至少占到 GDP 的 25%，这一比例 2040 年将达到 30%，2080 年则是 50%。世界的大部分地区将出现同样的趋势。当然，只要人们的预期寿命随之持续增加，这就仍可称为好消息。但是，为了平衡这笔庞大的支出，保证服务的资金来源，就必须极大地优化现存的健康管理体系，并且更合理地对公共、保险及个人的收入进行再分配。否则，最穷困的人、社会底层公民的权利，将遭受残酷的剥夺，失去健康与生命的保障——何况当下的世界，已经是这种情况。如果不做出改变，那么人类整体的生存，将面临最严峻的考验。

值得一提的是，有一个至少可能从相对价值上减少健康支出的有效途径，就是在不对医疗和诊断质量产生负面影响的前提下，用机器和新科技替换一大部分今天的医务人员。

同理，教育的相关成本也将大幅增加，尤其考虑到不断增长的继续教育与职业培训的需要，虽然远远落后于医疗技术的突飞猛进，但是其后果将会一样的严重：如果教学方法技术与神经系统科学的发展，成功挑起了教育机器与教学设备的大规模产业化，就会危害知识的传授与获取，使高质量的教育体系面临危机。而知识与技能的传承，对于人类的生存来说，却是无比重要。因此再次强调，我们应该努力阻止危机到来，同时为之做好准备。

5. 无法控制的流行疾病

未来十年，市场经济进一步全球化，推动人口与物资的自由流动，使一种或多种流行疾病爆发的几率大大增加。流行疾病，对许多人群、企业和国家的生存产生重大威胁，向来是健康、经济、政治、甚至人性上的严峻危机，并且会大大减少资源流动、限制各种自由。比如，新生代传染病的急先锋 H1N1 流感，影响相对十分有限，但对全球 GDP 造成的损失也不可小觑，约在 0.7% 到 4.8% 之间。0.7% 是 1968 年"香港流感"对全球 GDP 的危害，4.8% 是 1918 年"西班牙流感"的损失水平，它曾导致了 5 千万到 1 亿人的死亡。流感可能在美国导致 9 万人死亡、180 万人住院治疗，其中包括 30 万重症监护的病人。

除了流感之外，疟疾、肺结核、呼吸系统病变等等，更多的更加严重的难以预知的传染病都可能流行，给人类带来更加可怕的威胁。疾病将在人口密集的贫困地区爆发并开始传播，那里缺医少药，卫生条件恶劣，医疗追踪系统根本不存在。用以应对这些威胁的求生策略，将在本书后章进行详述。

6. 政治和军事威胁

最后，显然未来十年绝不可能天下太平，人们仍须继续准备面对政治与军事的威胁，并在其中努力求生、保护自己。

首先，许多政治危机将导致一连串的经济与军事冲突，不少已成现实，不少初见端倪。最可预见的危机会发生在阿富汗、伊拉克、索马里、巴基斯坦、伊朗、朝鲜半岛；还有另外一些，可能出现在西非、埃及、刚果、缅甸、印度、墨西哥、哥伦比亚……

其次，经过了相对平静的六个十年，人们有理由担忧战争的死灰复燃。虽然爆发大面积战争的可能性很微小，但是仅20世纪上半叶，在各类冲突中直接和间接死亡的人数就超过1.9亿，相当于每年380万人。20世纪下半叶的死亡人数"只有"4000万，平均80万一年。21世纪以来，冲突受害者的人数继续下降，目前每年平均数不到25万人。

我们还是不能过分信赖这种趋势。一方面因为受害者的数量将在"非正式冲突"中激增，类似海盗、土匪、黑手党、贩毒集团的活动将越发猖獗。另一方面，今天的战场上大规模杀伤力的进攻型武器已成主导，缩短了战争时间，却使其更加频繁。除了遍布全球的25000枚核弹之外，致命武器也开始大规模扩散，并更多地利用民用技术，比如生物与纳米科技。再者，由于越来越多的国家建立了自由市场和民主制度，变相地助长了潜在暴力的肆虐，并且更加容易引发恶性竞争，经常性地被树为假想敌。

战争与冲突可能以各种不同形式发生，人们必须准备危机求生。尽管未来十年内爆发全球或地区大战的可能性很小，可是局部战争、恐怖主义、大规模犯罪行为却有不断上升的趋势。

在现实世界和虚拟世界里，随机的、突发的、毫无缘由的暴力行为也将越发猖獗。仅2009年一年，网络犯罪的增长率就狂飙至500%。

这些犯罪行为甚至可能与我们面临的其他危机相结合，产生更加致命的破坏力。比如，恐怖分子就可能利用金融危机作为其进攻的武器。试想，只要一小撮图谋不轨者，即使没有大量的资金，也可以对银行股进行远期出售，然后哄抬与此机构相关的CDS等场外信用衍生品的价格（此价格是衡量风险的标志），那么价格上涨意味着银行风险的增加，必定引起恐慌，继而导致股价崩盘，使运作者攫取高额利润。

当然，恐怖主义者及其他罪犯仍有无数种利用当下和未来的各类危机来危害人们的生活的可能。在这里，即便我们仍可想象别的手段，也没有必要再使威胁的可能性进一步加大了……

最后，已有一些新的政治动荡开始出现。当下横扫中东的危机既出乎意料又鼓舞人心。它代表着 1989 年苏联解体之后自由运动的延续。被孤立于民主化浪潮之外的阿拉伯人民，今天终于为争取权利、赢得尊严而真正行动起来，用事实反驳了民主与阿拉伯文化或伊斯兰教不可兼容的荒谬理论。

事实上，该地区走向市场经济的过程不可避免地使政治自由化成为必然。当民主力量在突尼斯和埃及取得胜利之后，能否也在与别处独裁政权的斗争中打赢？在巴林、阿尔及利亚、也门，甚至沙特阿拉伯……

当前危机还有一个特点：全球性。其他民主国家，尤其是大国面临一种新的责任，就是帮助处于像卡扎菲那样的独裁者压迫与威胁之下的人们。

第三章

求生策略

极目所尽，如是我见。在下一个十年里等待我们的有必然的演变，有可能的危机，所有元素相互作用。而祸福得失，就看世间男女今天的行动了。危机与变化之中蕴藏着不可计数的对个人生存的威胁（失业、破产、资产贬值、传染疾病、生活意义的丧失），对企业的威胁（资不抵债、融资失败、技术落后、目标迷失、竞争力匮乏），对国家的威胁（国民身份认同的缺失、存款储蓄减少、自然资源枯竭、体制崩溃的风险），对整个人类的威胁（例如生态环境的破坏）。但同样的危机与变化也给每一个人带来了巨大的潜能，成就事业、获取自由、拥有人生的极大乐趣。

另有其他的事件，幸或不幸，会影响到我们当中每个人的私生活。至今我所提及的这些公共悲剧与群众喜剧或多或少带有黯淡色彩，可是将发生的意外事件甚至能在人们的生活里引发更为深远的影响。

每个人、每家企业、每个民族以及全人类都应该担当起这些颠覆性的变革，不管是微观的还是宏观的，并从中找到新的生存方式，追求至善。这么做着实不易：我们的世界已成为食人巨兽，令同类相残，不停地吞噬自身赖以成活。

一些人、企业或国家，在本书提到的剧烈震荡之中手足无措，刻意否认危机的紧迫性，自我放纵、任由险情加重，或将命运托付予空幻的信仰、虚伪的价值观；另外一些，尝试以激进的行动来改变世界的状态与自我演进的路径，扭转发展方向；还有一些，决心自立自强，将危机化为机遇，最大化地利用潜能，在未来的变革中尽力而为。最终，也只有那些真正依靠自己、既不轻信也不退缩、执乐观与悲观之两端而恪守中庸的坚定者，才能在危机中生存。

危机求生的成功，首先需要分析和理解过往的来龙去脉，而后诉诸尽可能详细具体的策略。这些策略与人类几千年来的历史一脉相承。在这里我想展示的，就是策略的法则与原理，及其实施的种种条件。

一、消极策略

危机真正来临之前，没有人（包括自然人、法人以至国家）会认为最坏的情况可能出现，觉得人类行为范围之内我们无能为力，因而奋斗、抗争都没有意义。旁观者自动放弃了掌握自身命运的权力，他们所抱持的态度不外乎以下四种之一。

1. 放弃自我

面对一场自然灾害、传染病、大屠杀、经济危机，或者个人生活中的一次感情破裂、一场大病、丧失亲友，很多人（甚至企业和国家）会失去冷静与清醒。他们原有的能力被危机所剥夺，不再分析和应对现状，不再预测未来，松开方向盘——放弃。

同样，身处延续与加重的经济危机中的某些人在面对公众或私人的威胁、或处理不可避免的问题与变革时，否认风险、反驳证据。继而当最坏的情况出现时，他们将失去对自我及周边环境的控制。在他们看来，任何个人或集体的行动都无济于事。他们束手无策，在可能令其全军覆没的危险面前放弃抵抗。

这类人中的极端情况，就是自杀者。有时放弃自我的人会将自己的绝境归罪他人，在毁灭自我之前毁灭他认为应对其不幸负责的人，甚至伤及无辜。此类惨剧的发生会愈加频繁。

2. 放弃世界

有少数人——主要是自然人——相信，所有威胁生存的危机，都深深扎根于我们这个世界的天性与本能之中，因此不再对物质世界抱有任何期待。比如，即便经济增长回归、社会发展，也不能够为他们的幸福创造条件，减少他们的痛苦，不能够改善其与自我与他人的关系。在他们眼中整个物质世界没有意义。他们会通过皈依宗教或选择某种哲学理论把自己边缘化，与世隔绝，不再关心时事，不再参与现实生活。然而这么做绝不足以帮助他们在另一个世界中找到希望和避难所。

还有一些人，害怕无数的问题使自己孤立无援、忧虑沮丧，为了逃避这种无能为力而被排斥的感觉，他们会仅仅在虚拟世界中生存、生活，不论这个虚拟世界是构建在毒品抑或视频游戏之上。那些我们称之为"行尸走肉"的人，沉溺在虚拟的游戏里无法自拔。也只有在那里他们可以找到更美好的生活，拥有更具魅力的相貌，运用更优秀的才能，认识那些根本不会想在现实生活中与其相见的人——即使相见，也完全无法相认。

不同的是，另有一些人在放弃世界封闭自己的同时，也彻底放弃了同类。他们尤其会抛开那些在危险中颤抖的朋友、任他失业、任他困窘、任他受尽掠夺，任由金钱变成友谊唯一的看门人和领导者。

还有那些将自我中心主义发挥到极致的自利者，尽管在条件具备的情况下也拒绝要孩子，逃避家庭与社会的责任。

这些采取"放弃世界"生存策略的人们除非一直拥有稳定的收入保证衣食无忧，否则必定被世界所抛弃，就算没有自我毁灭也会走向边缘化。

3. 忏悔赎罪

由于过久地浸淫在一个丑闻遍布的不道德世界里，享受了虚假繁荣和非自然的丰裕生活，目睹了对地球的自杀性破坏，有些人能够体验到一种不断蔓延的罪恶感。这些人会渐渐地、或多或少地接受自觉自愿的惩罚，或在狂欢之后摇身一变成为清教徒。他们会减少消费，不再理会流行与潮流，甚至在并不完全与世隔绝的情况下刻意抵制和反对社会的发展进步。

在环保运动中，在美好的禁欲生活的提倡者，在严格的经济紧缩的鼓吹者里，就有他们的身影。走向极端，他们将变成现代的苦行僧。他们丝毫不被生存的欲望所打动，而是怀着忏悔的企愿自我惩罚，去赎那些想象之中的罪。

4. 寄希望于他人

还有一些人——甚至组织或国家——永远希望他人先采取行动。他们以为只需要等待，等待得足够长久就可以远离危险、扫除阴霾，而丝毫不必改变自己。他们翘首以盼会有哪个大人物，或者市场规则本身，又或者某种外部力量从天而降，就像美国西部电影剧终出现的骑士英雄一样到来，重建平衡、恢复秩序。

如我们所见，芸芸众生和林立的民族国家中总有一些在等待外部世界的力量来干预和处理自己的事务。现实生活对他们来说只是通向不劳而获的捷径，或是追求可能的永生的道路。他们拜倒在一个或多个神像的脚下，要求最起码拥有不像现在这么痛苦的另一种生活。

这些人当中还有一部分相信自己来到世上（或是转世再临）仅为实现一个目标：完成自我。只要学会顺应生活就能达到目的。他们绝不会在危机颠覆自己的时候拼命抓住求生的木板，他们会认为如果命运已注定，那么只能听天由命，就算付出再多的努力也无济于事。

二、积极的政治策略

个人、企业或国家，都能够采取共同策略，全面解决问题，并且修改游戏规则。

1. 愤怒

不平等充斥着这个世界，强者的自私与富人的愚昧使其越发严重。科技的日新月异、名利与虚荣、人际关系的失落、脆弱性的提高、工作压力、年轻人思想的退化都在夸大着不平等。而所谓精英与"始作俑者"只为了自己渔翁得利、横征暴敛。

总有一些人——个人或者阶级——会被这样的不平等所

激怒。他们将努力去看清在现实里谁赢谁输、孰失孰得。他们将尝试去揭发丑闻与阴谋，拒绝再当替罪羊。我们会看见越来越多的人谈论公共事务，在政治或外交领域表达诉求，争取话语权——哪怕他们只说不做，并不将其观点付诸实践，或无力决定事实格局。

2. 政治行动

持续加重的愤怒一定会使某些个人——以及组织、民族——相信要想生存只能靠改变世界秩序，或者至少得改变国家的领导者，那些决定他们生活方式的人。人们将更多地参与党派或各类组织的政治活动，更多地付出精力以推动改革，加速危机的结束，或者至少要求使经济状况尽快恢复平衡。

利他主义，是每一公民拥有个人自由，并且互相包容、和谐共存的前提条件，对当代人和子孙后代都是一样。基于利他主义的价值观，政治行动者将提出必要的策略建议。这些策略——尤其基于互益的利他主义——能够解决许多迫在眉睫的问题：救治无法负担医疗费用的赤贫者，可以防止传染病的扩散；帮助最为贫瘠的地区控制环境污染，可以避免生态进一步恶化；保证社会底层民众的教育和培训，可以提高弱势群体生存和参与竞争的能力。

另外，当我们回顾马克思的理论，就会发现马克思所描述的未来已经变成现实。请记住他早已预见的世界：全球化，阶级矛盾，以借贷谋生，工薪阶层的相对贫困，科技进步引起变革与动荡，市场开放并无限扩大，经济金融化导致制造业萎缩和公私债务日渐庞大，企业利润率下降，人们的贪婪与自私不断膨胀，各种危机加深加重……最后，必须创建社会的和政治的力量，强大到足以抵制资本所有者永无止境的盈利要求。

利他主义和社会主义的相遇与融合将可引领所有社会思潮，令新形式的政治乌托邦成为可能。

3. 革新

如果政治行动者所支持的党派和政府辜负了他们的期待，政治行动的结果令其失望；如果他们终于发现，身处的市场经济与所谓的民主制度没有任何实质性改变；那么，革新就可能到来。

如此条件下人们会明白：从来"太阳底下无新事"，已有之事将来必有。为了保卫家园、扭转危机、开创新局面，就必须解除本书前述的种种生存威胁，只能另辟蹊径、进行反抗——比如，革新。当压抑与愤怒在这群人中汇聚、累积，已冲破极限，再也无法忍受之时，他们将不再害怕承担风险，不再诚惶诚恐地衡量得失，而终会站起来要求平等并为之斗争，直到改变他们的国家以至整个世界的面貌。

三、积极的个人策略

上述的策略行为都不足以单独保证在所有危机中的生存。显然，生存对于一切生物皆为第一要务，否则遑论其他目标，无论是赎罪忏悔还是政治改革都没有可能。

所以我们应该首先回答几个关键问题：每个公民、企业、国家，整个人类能否从一千零一种威胁中逃脱？能否解决公共或私人生活中呈现的咄咄逼人的质疑？能否在无止歇的动荡、冲击与危机之中成功求生？不同的行为体在不同的危机——暴风雨、天崩地裂、饥荒、经济危机或社会冲突，个人的情感悲剧，健康问题，直至被解雇或是心脏病发作中求生，应对这些危机的策略选择数不胜数，是否存在共同点？

再之前，更本质的问题是："生存"到底指什么？"survivre"，这个词在某些语言里不仅指此生此世，也涵盖了死后的存在——来世。另一些语言如德语里，"生存"同时具有"überleben"（超越生活）和"fortleben"（维持生活）两层含义；英语里"survival"多指存活，历经磨难而幸存或遗留下来。"生存"名下所隐含的心理分析意味可以看作人类婴幼儿时期一种天然本性的表现。人都希望死亡不存在，拒绝接受生命总会终结的事实，渴求不灭并总想设置某种基本生存模式以享有永生，这种态度深藏在"survivre"一词之中。

较为缺乏诗意地说，"求生"首先意味着想要尽可能长时间地活着：对一个人来说，一百二十岁仍在呼吸；对一家企业来说，经营数个世纪；对一个民族来说，绵延数千年；对人类来说，则是存活至时间的尽头。

因此先验地看，当我们谈论不同对象如个人或组织实体时求生法则貌似不可能相同。然而我们将发现，所有的求生法则完全相似。任何情况下，最为艰难复杂的任务就在于求生者的自觉，以及对自我的认识和定位——这是一切的出发点。

人们还会认为，对于强者和弱者来说这些法则也不可能是一样的：强者面前有大把的时间，并不存在什么紧急情况来逼迫他们——至少他们自认如此；弱者正相反，我们相信其该做的首先且仅仅是考虑当下的生存。但是现实生活中，这两者的情况并非大相径庭：强者对其所享有特权的不稳定性心知肚明，最强势集团都在尽其所能地挥霍浪费、或攫取掠夺；而最穷困者知道他们没有任何人可以依靠，因此必须为将来做好打算。

历史上的每个时期都有与其相对应的特定生存策略。我们的时代对富有者提供如此多的保护，以至有时衰减了他们为生存而战的热望与激情。每一种具体情况都需要具体分析，每个人或主体需要采取具体行动，尤其接受相关专家的帮助——医生、军人、法官等等——尽管以上所述皆为事实，所有的生存策略也都必须、必然遵从一些相同的法则。这些法则经过了世世代代的不断打磨、提炼与演进，是漫长岁月的精华。

为了定义这些策略法则，首先得回顾前辈们的古老策略，它们浩如烟海又貌似相互矛盾。游牧民族，在数万年的时间里就是整个人类，从而在他们身上呈现的就是人类生存的铁律。为了穿越沙漠、丛林与海洋，为了走出无穷尽的（也包括生命本身的）迷宫，人，必须永远躬身聆听以下建议：拥有直觉，轻装出行，不怕失败，坚持不懈，一旦决定前进就舍弃任何疑虑。对于其他初民群体，比如下加利福尼亚的亚基印第安人来说，为了生存，人必须时刻准备着面对四个主要敌人：恐惧、全知、权力、死亡。也就是说，人，不能在恐惧面前屈服或放弃；不要自以为全知全能——正是认为自己无所不晓、无所不能；掌握一切权力的时候，人是最脆弱的；至于最后一个敌人，死亡，人所能做的只是努力拖延，使这个敌人的胜利尽量晚些到来。有一些希腊的贤哲教导我们，应该让自己习惯于所有的暴力与突变，并为之做好准备；另一些智者，例如佛教思想家，则安慰我们，应该修身养性，远离所有苦痛的源泉，并且为此投身非暴力的超脱生活。

接下来看看各个生物物种所运用的生存理论：尤其依据

达尔文的观点，只有最能适应环境的物种才有更大的机会得以生存。还有与达尔文相反的观点——来自生物学家和行为分析学家——认为，如果一种适应性演化过于剧烈或极端，反而会降低对意外的环境突变或大灾难的抵御能力；往往看似最为脆弱的物种，实则能在巨变之中更好地幸存，并且顺势进化，恰恰得益于其先天的不足（一个明显的例证就是人类，这种"裸猿"，在物种进化的历史中将其弱点成功地转化成了优势）。

还有不计其数的文章和论述也试图解释人类的个体或群体究竟是如何渡过危机的，比如从沉船或坠机，瘟疫或屠杀中幸存，摆脱一次重大危险或困苦的窘境，治愈丧亲之类的情感伤害，抑或面对职业低潮和经济危机的打击。同样，能对我们大有裨益的是了解那些曾经历经严酷岁月的历史见证者，并向他们学习。例如，在历史中起过重要作用的理论家西哀士神父，他用来穿越法国大革命腥风血雨的唯一法宝是成功地避免明确阵营，从不僵化地支持某一方；再比如，以色列第一任总理本·古里安说过，只有最悲观谨慎的人才能得以活着走出纳粹的死亡集中营（在此，Robert Antelme、Primo Levi、Aharon Appelfeld 的著作不容错过）。此外，数以千计的小说和电影也在使读者和观众体验种种极端情况的同时讲授着生存的课程。我们还能在阅读和反复品味那些深具教育和道德意义的经典名著时，受益良多：比如雨果的《悲惨世界》，司汤达的《红与黑》，狄更斯的《雾都孤儿》，赫尔曼·黑塞的《德米安》等等，或者只是谈论亚基印第安人卡洛斯·卡斯达内达的《唐望的教诲》。

我们还应该尝试学习当今最穷困者的生存技巧，因为每时每刻他们都要面对威胁并努力抗争。这些技巧包括：强烈的生存欲望，对危险的广泛感知，对环境的深刻认识，丰富的想象力，适应能力、找寻盟友的能力、构建团结与忠诚关系的能力、化威胁为收获的能力，拥有多种职业专业技能，"不把所有的鸡蛋放在一个篮子里"，管理资产与负债、使不同的风险和收益达到平衡。

最后，研究某些体育运动的技巧并学习掌握它们，并不多余。这些运动建立在一个基本原则上：于极不稳定的条件下寻求尽可能长时间的状态保持，比如牛仔竞技或冲浪。冲浪运动需要具备对波浪形成规律的全面知识，能够预测浪峰之后新浪升起的时刻与方式，准备着应对出其不意的冲击，同时躲开别的冲浪者。一个初学者只会尽量保持站立，而冲浪老手则更懂得如何加速减速，并且应当在遇到不可控的障碍时主动放弃。

由此我们可以总结出一些事实与有价值的建议，适用于个人以及各类不同的组织和群体。

关于求生的基本事实如下：生存不是一时一瞬的问题，而需要长远的考量；生存靠的不光是保守，更是超越；生存的赌注不应压在与他者趋同之上，而更在于差异与多样；生存除了依靠谨慎和预防，也依靠大胆的尝试；生存不意味着摧毁别人，而直指自我建设；生存不完全是残酷的竞争，更需要互相合作与坚实的同盟。

一些常常被指责为有害、病态或危险的行为举止，实际上能够更好地帮助我们每个人面对危险。因此，开发和培养这些举止、态度，让其成为应用生存策略的初步准备将大有助益。举例来说，偏执——在相当严格的限定下能够使人保持警觉，不断探测外部世界的敌人。同样地，猜疑——如果将其适度调整，能够帮助我们预见和警惕内部的敌人。自大——如果以清醒与理性规范它，那么它能促使人追求卓越、志存高远，设定目标并一一实现。

总之，我认为这些基本规律与数个世纪人类所积累的知识和智慧一脉相承，可简化为七大法则，对于任何有生命者的生存来说都不可或缺。现概括如下：自知自觉，意愿坚忍，掌握环境，对抗威胁，不断加强自身力量，能够彻底改变，并做好砸碎所有羁绊和锁链的终极准备。

这七条指令，构成一个完整和万能的策略，适用于所有境况，适用于个人、企业、国家乃至全人类。这个策略的施行将在后续章节中针对不同类型的主体依次详述。在细化之前，我先把组成策略的七个概念依其次序展示如下：自尊、强度、共鸣、适应性、创造力、分身术和革新思想。

（1）自尊

为了生存，为了面对威胁与动荡，首先要做的就是怀有生存意志，认识自己、尊重自己、照顾自己，寻找和表达自己生存的意义与价值，明确地定义这些意义与价值，将其展现出来并且付诸行动。如果说"自大"是自尊的一种极端表现形式，那么我们看到很多人或群体并不了解自身，不重视自己的尊严，有时甚至被某种对自我的憎恨和轻视所占据，甚至没有任何生存的目标，陷入无意义的空虚。这些失去自尊的人和组织显然不准备为生存而战斗，将最先在危机中倒下。他们是短命的。

第一要律，就是珍视自我的价值，自爱而不是自贱；重视自己的生命和存在，也重视自己的价值体系；列举出生存的理由和意义，证明、记取自己生存的意志。这种能量、这种精神，能够促使人不仅仅"生存"，还要超越生存，真正地"生活"，活得更多、更充盈。而拥有这样的自尊，需要经年累月的自我修炼，通过迫不及待实现真正自我存在的意愿，来完全地成为"自己"、关照自己，培育卓越的品味与加倍的自觉。我们需要养成这样的行为习惯，天地之间能够依靠的只有自己——只有自己能给予自己所期待的机遇，只有自己能够解释自己生存的意义，只有自己明白自己为什么存在。

重要的是，尊重自我也意味着对他人——对世界上除自己以外的所有人，展现同样的尊重。也只有保持对自己和他人同等程度的清醒认识才可能做到同等的尊重。

在许多人眼中，自尊的建设预示着要深刻地认识其丧失自尊的原因，透彻地分析自己为什么缺少存在与生活的意义。对另一些人来说，树立自尊的努力会导致强大的心理震动和特别的精神事件，迫使他们开始正视与衡量生命中每一分每一秒的重要性和唯一性。

（2）强度

不论对个人还是组织而言，毫无疑问地，时间，都是其所能拥有的、唯一绝对稀缺的资产。一旦我们唤醒了自觉的意识，就可以着手准备增加生活的密度与强度，好好运用所有剩下的时间。

一方面，度过生命中的每一刻，就好像这一刻已是你生命的最后一刻；眼看当下，却心怀永恒，以广阔的时空观念来指导现实行为；挺直腰板，站起来存在，超越庸俗的生活。另一方面，树立和展现一个尽可能理想的自我形象，为人生做一个二十年的长远计划，同时尽量具体、准确、可行，持续地尝试将其实现，并不时地依据不同的情况变化进行调整，使其满足不断出现的新的要求。

（3）共鸣

一旦具备了自尊自重的品质，而后确立了人生现时及长期的目标与规划，接下来就要掌握评估风险的方法了——这些风险和威胁可能来自于大自然，也可能来自于其他行为主体：个人、企业或国家。

这种素质，我们称之为"共鸣"、换位思考，另外，如果采用当今如此经常被滥用的漂亮词"推测"或者"预期"，也可达意（法文 spéculation，英文 speculation，源自拉丁文 speculum，意为镜子，恰恰暗示着，理解这个世界向我们自身所映射的图景的必须性，代表着预见未来的能力）。共鸣的状态也包括外交辞令中"深度安全"的涵义，即指探测周边环境的能力，以预见他人可能造成的妨害、推测可能降临的危险、更好地保护自己。在企业组织和国家行为中，能够找到近义词：监管控制或情报系统。发展到极端形式，就会形成疑心与偏执。

为了达到"共鸣"状态，对等待我们的未来进行深度研究是必不可少的——这也是本书要做的事情——学会站在他者的角度换位思考，以预测其各种可能情况下的不同行动；同时清晰地辨别出敌人、对手与潜在的盟友。敌人之中存在着非理性的对手，他们只是为了得到乐趣而设置障碍；也存在理性的对手，他们的反面作用来源于对自身生存的考量。盟友之中，要找到那些"不可或缺者"，他们的行为与我们的生活互补相连，影响着生存的来龙去脉，并且他们能够帮助我们更好地实现目标。比如对个人来说，不可或缺者是父母和亲近的人；对企业来说就是供应商和分销商，以及各类经纪机构；对国家来说，是邻国、盟国，还有那些必要的能源与原材料的提供者。

"共鸣"的能力，不仅可以助人辨认盟友、建立网络、达成一致、呼朋引伴，而且可以在必须向致命威胁妥协的时刻，促使人凭借求生的冲动采取姑息主义，接受不得已的调解与安排。不止如此，共鸣还能够使利他主义对自己有益，带来友谊和同情心，敦促人们互相理解，明白各人都有不同的立场和出发点，在不必被迫同意他人观念的情况下，明白自己的敌人也有其行为的正当理由，自己的对手也可以是正确的，从而变得更加宽容。

如此对他者的研究，以这样的方式进入别人的思想，将加深人们对自我的认知，使自己人生的目标具有更加清晰明朗的图景。佛陀曾言道："自知，便知世界，反之亦如是。"产生共鸣的状态，建立在对自我的尊重与生活的强度之上，也让具备适应性成为可能。

（4）适应性

一旦确定了威胁，就需要人们——个人、企业和国家——运用第四条法则，想方设法地杜绝在威胁降临时恐慌、退缩。这就是所谓的"适应性"。天灾、政变、战争、失业、重病、生离死别或经济危机，不论哪种威胁之下，适应最快者都拥有坚实的后方保障与备案支持，以使其不至于霎时间一无所有。

"适应性"意味着时刻做好抵御冲击的物质与精神准备，不会在任何失业或情感的挫折与失落中自我崩溃。举例来说，不管是私人还是企业，尤其在当下经济危机仍然肆虐的时期，应该采取的关键行为有：不把所有的财务交付单独一家银行，不把所有的投资注入某种单一的产品，不仅仅满足于一项看似稳定的资产或守住唯一的紧急出口；不把自己局限在一个过于专精的技术领域里，也不要认为自己会终生从事一项固定的职业。

手中若没有完美的行动计划，面对愈演愈烈的每次威胁时更应该找到可行的应激反应策略，以抗击意料之外的反常现象。应该努力使完成同一项任务的方式方法多样化，并预先保障，无论在什么样的危机之中，遭受的损失都能够通过某种途径得以补偿。

培养适应性，不能变成对谨慎原则的过度追求，使人完全丧失了对风险的偏好。对经济、政治乃至心理危机造成的物质和财务后果进行充分准备的过程中，反而更应该鼓励和推动自己承担风险的意愿。只要降落伞的安全性已经确定，就该纵身跳下！只要航行仪表已经检查就绪，就该滑翔起飞！只要自我保护方案已经完备过硬，就该勇敢前进！

（5）创造力

如果本书前两章中提到的某种危险变成现实；如果十足的适应性已不足以减少损害；如果危险重复出现、无穷无尽，毫无疑问将持续到生命的尽头或是可预见的终点——那么，就要学会把危险转化成机遇，把匮乏当作革新的契机，借力打力，把对手的能量转化成攻击他自己的武器，像面对挑战那般面对困难，把自己的不足与不满写进变革的计划书里，把敌人变成潜在的盟友，把匮乏看作丰裕的源头。

很多时候，当人们同时面对两个问题，其中一个问题往往就是另一个问题的答案。尽量另辟蹊径、争取盟友、吸引有识之士，在这方面，所有法则都可以运用在发掘创造力上。同时，创造力也是第六条法则的必要前提。

（6）分身术

如果其他行动无济于事，如果连生命都危在旦夕，如果没有可能由弱变强，那么不管个人或群体都应该打破常规，彻底改变生活方式。

在敌人变不成盟友，就要取胜并毁灭一切的时刻，需要求助于自己的韧性，接受无法改变的既定游戏规则，争取使对手中立化，赢得他的善意，甚至仁慈——在此，敌人可能是大自然本身，也可能是一个民族或国家、一家企业或组织，或是某个熟悉的或陌生的人。为此，尽可能保持灵活机动，做好依次过上多种生活的准备；或者如果迫不得已，将生活割裂开来分成几份，同时在不同的世界里存在。也就是说，不管个人还是群体，都要学着去发现对立阵营里的优势、他人的优点，吸取这些优点，收纳别人的文化精华，不断地向对手学习，并从其信仰和观念中得到启发："共鸣"能力正是掌握"分身术"的准备。想当年，被称为马拉诺人的犹太群体生活在基督教环境中就是这么做的。"分身术"，对于被征服的民族和被收购的企业来说至关重要。

当然，"分身术"不能偏激到令人放弃原则、退让底线，自我的价值和自尊绝对不可被玷污。我们可以与其他律法共存，但恰恰相反，不能丧失自己的原则，即使是生存环境紧紧相逼也要如此。就像马拉诺人一样，在黑暗与压迫中求生，仍暗中坚持自己的信仰与传统。对此，瓦拉迪米尔·冉克雷维（法国当代犹太裔哲学家）写道，"对现实的认知会陷入两种困境：或以一切代价符合标准，不惜否定自我；或在生存的焦虑之下，暂时背叛自我。"确实，极端情况可能出现，使保全自尊的努力带来无法继续生活的危险，那么此时此刻就应当考虑赌上一切去争取一切的可能性，换句话说：革新。历史上从马拉诺人到抵抗运动的斗士都是例证。

（7）革新思想

最后，当我们已无计可施、无路可退，而对手的理念与价值突破了我们的道德底线，不可能再被接纳或忍受，或者服从敌人已经变成为奋起反抗争取时间的权宜之计，就到了运用第七条法则的时候。

这条法则要求我们准备掀翻桌子、拍案而起，从那些束缚我们的法律与规则下解放自己。如果敌人的决定危害到我们的生存，我们就要用尽一切手段反抗权威，哪怕是非法的手段——为了有尊严地活着，不惜冒死亡的风险。在"正当防卫"的概念里也包括了"革新"本身。

绝佳的机会到了：通过革新性的思想和行动，我们将追溯自尊的源头，重新定义自我身份的根基，重建自我的真正价值。这样一来，第七条法则回归第一条，七大法则之间相互作用、彼此增强，整套生存策略形成了一个逻辑圆环。

这七条生存法则产生和形成于同时面对个人与群体的各种威胁的境况中。从一个人直到整个人类物种，经过企业组织与国家民族等形式，每一层级的每个主体都对其他主体的生存条件产生着不可小觑的影响。

对一个人来说，七法则有助于任何危机中的求生策略：认识到如何在精神打击下坚强不屈，抓紧每一刻、不虚掷时光，了解他人的观点、接受批评、闻过则喜，把每一次失意当作成长的契机。必要的时候，敢于与过去决裂，重新开始新生活。甚至，如果生活在这样的社会中——其规范与风俗危害到你所信守的人生价值，或者破坏了你的忠诚，并且掠夺你所爱，那么就不用再入乡随俗尊重教条，而应在拒绝或抗争的时候不要犹豫。

这些法则对于人们是普适的。无论尚在寻求成功路径的社会新手，还是在迷惑与疑虑中彷徨的成年人，无论你家财万贯举足轻重，还是穷苦窘迫卑微无名，都能够从中得益。

对于被书中前述的危机与变革所折磨的企业、组织来说，运用七条法则可以明确其价值，制定长远规划，认清自己的竞争对手与合作伙伴，吸纳人才，控制风险，积极创新；必要时，勇于改旗易帜、转换行业；极端情况下，敢于斗争，奋起反对那些强加于己的破坏性的法律与规则。

七法则也适用于一个国家，不论这个国家面对的是兴起还是衰落，危机都潜藏其中。国家民族应该运用生存策略来树立其形象，构建公民的身份认同，建设坚不可摧的共同价值与完善的社会体系，全面掌控敌人的情报、吸纳并巩固盟友；强大的国防必不可少，应对匮乏与短缺的能力应该一直具备，并且随时欢迎改良，自我检查，甚至准备着彻底革新。国家也可能陷入被迫正当防卫的情境，此刻也不排除以攻为守，在需要时果敢行动。

最后，对于整个人类来说，生存七法则意味着：不懈地探求人类神秘莫测的存在意义，深刻地理解人类命运的统一性——我们不可分割，实为一体。生存策略表明，人类也需要有长远的计划，认识到面临的威胁及其解除方法；在守护和坚持人类永恒的宝贵价值的同时，学会适应环境、自我调整、自我重塑。

这些规则，就是危机求生的条件。要想在每个层次上将其实现，都要经过长期的训练和艰苦的努力——自律、自查、内省，不断学习，几近无情的反求诸己；对生活真义的思考、对趋势与机遇的探测、对威胁与盟友的评估、对自我价值与目标的反复确认、对生存策略及其随时施行的万全准备，都必须成为常态，甚至是每天的功课。

我们的生存依赖于这些规则。所有这些法则，也就是生活本身。

|第四章|

求生——每个人

有史以来，动荡和危机就一直伴随着人类。每一个人都不时地面对着千千万万的危险：饥饿、险情、失衡、不忠、失业、压力、破产、过度负债、职业或感情挫折、自然灾害、暴力、疾病、伤痛、死亡。其中有些危险——生老病死、悲伤忧愁——是人类生存中的必然；另外一些，比如不忠与失衡，随着时代的规范与习俗、社会行为与类型的变化而演变。危机在不同的社会语境中各不相同：游牧或农耕时代，富裕或贫穷的社会，政教合一或分离，极权主义当道、民主自由派掌权或是社会民主党人主导，都会发生不一样的危机；同时危机也随人口迁移、地缘变化和经济发展而演进。

在所有的威胁与危险面前，应该没有人愿意失败，没有人希望失业、破产，在痛苦中死去。然而不少哲学流派劝告人们并使其相信他们没有什么价值，严肃认真地对待自己也改变不了现实，因为人的命运是注定了的——神，抑或远远超越人类的物质力量决定着我们的生活，比如现世，市场的无情力量化身为"看不见的手"，左右着人类不可捉摸的命运。由此，每当面对天灾、传染病、大屠杀，或一场重大的经济危机，都有人怀抱着斯多葛派的教义，悻然放弃，连抗争的努力都觉得多余。

另一些人，那些无可救药的乐天派，认为事态总会好转，没有必要做任何准备，也不用学习如何危机求生的方法。他们相信，威胁永远不会降临到自己身上，危机与灾祸于己无关，所有的失衡和动荡迟早将稳定下来，只要等到雨过天晴的那一天。

还有另外一些人，常常以看似正当的理由把自身困难的全部责任推卸到"社会"身上。他们认为只要其所处的社会和政治体系没有发生翻天覆地的变革，他们的生存状况就不可能得到任何改善，连私人生活中的问题都因此无法解决。他们料想，应该是由整个社会先于每个个体来认真对待和处理问题。他们等待一场彻底的革新来改变生活，但是在改革真正到来的时候，又往往退避三舍，不参与行动。

再有一些人，仅仅用纯粹的思想或精神特性作为衡量自我实现的标准，并以此判定自己的生存。对他们来说物质存在与外在形式毫不重要。这些人忘记了，如果不能妥善保养和掌控内部能量，不能照顾好自己的身体，那么精神与智力的能量通常也将随着身体的毁坏而衰落下去，最终枯竭。

还有一些绝对的利他主义者，在对未来的无限焦虑之中，认为自身的幸福无足轻重，把自己全部的生存意义寄托在别人身上。他们照顾病人，救助穷人，帮助失业者，保护环境，抑或投身于其他公益事业，忘我地工作。但是这些人有所不知，要想真正地帮助他人获得幸福，首先要实现自己的幸福，改善自己的生存状态与牺牲自身意愿成全别人相比更能够让共同的美好生活成真。

另外一些人相信，在这个资源稀缺、你死我活的世界里生存，意味着首先要消灭所有的对手和竞争者。他们不愿意承认生存靠的并不是摧毁他人（除了被迫进行"正当防卫"的极端情况），而是首先建设自己，理解他人，并且寻找盟友。

求生者之中——包括忠于信仰的教徒们——有一大部分人，在一面临集体危机或私人难题时就开始逃避现实，告诉自己：威胁很快会远离；疾病不是很严重；预言家都是乌鸦嘴；分析师是一群仅仅关注阴暗面并招来厄运的悲观主义者。接着，当危险步步紧逼，他们才会发现，可以确保生存的重要策略既没有准备好，也不再能够被运用，一切为时已晚。这些人正例如：拒绝接受医生诊断的病号；超过自身能力过度借款的债务人；对突如其来的失业或生态危机毫无预见者；还有那些在 20 世纪 30 年代纳粹威胁下固执地不离开德国的犹太人。

依据前面章节所述的求生法则，为了生存与生活，每个人必须采取一套由七个方面组成的战略：切实的自觉，求生的欲望，深刻的内省，对自己优势劣势的清醒认识，并追求卓越（自尊）；尽可能充实紧凑地生活的意愿，珍惜每时每刻，不浪费一丝生命，做好长远规划以求有所准备地迎接未来（强度）；分析能力，尤其是接受和理解坏消息与他人行为的能力，能够解读别人发出的信息，衡量并判断其真伪及忠实度，分清敌友（共鸣）；为了抵御打击、不被摧毁，准备好后援、储备、保险，给自己留足退路（适应性）；具备将敌对力量转化为于己有利的新优势的能力（创造力）；改变自己的能力，亦在迫不得已时，甚至可以改变自己的价值、人生目标、身份认同，在保持自尊的基础上变成不一样的人（分身术）；最后，极端情况下拥有勇气和能力，打破常规、推翻教条，与陈腐的律法抗争，正当防卫，也就是我们所说的：革新思想。

这些法则适用于前述的所有危险情况：政治、经济、财务、社会的危机，人口或地缘的动荡变迁，个人生理和心理上的挫折困顿。不管你是强是弱，是初来乍到还是久经沙场，这些规则都屡试不爽。

我们当中的每一个人（首先是我，法则的执行对我来说难度亦大），在理解了这些法则之后就要执行它们，先从思维上，再到现实中，然后——最大的挑战来了——应该时常有规律地检查其执行情况，就像飞行员在每次起飞和降落之前确认飞机仪器的 check - list 一样。这些法则应该成为日常生活的必然要素之一，以便我们能够淡定而有效率地面对未来所有可能发生的巨大动荡，综合考虑之前经历过的一切威胁，并且从中获取最好的结果。

一、法则一：严肃认真地对待自己

看似平凡无奇的首要前提，就是重视我们自己的生存和幸福。建立自尊的首要前提，恰恰是不能任由自己相信命运早已注定，不要因为相信来生而放弃现世的努力。认真对待自己意味着不低估自己，不仇恨自己，让生命先在自己眼中变得无比珍贵，为自己找到生存的意义，学会为自己而骄傲。通过自省、冥想和禅修认识到自己在宇宙中的唯一性，找到感受和组织内心的独特方式，用清醒的目光审视自己以及尘世之旅的目的，重拾已被遗失的重要标准，回归已被忽视的对独一无二的自我的关照。

尊重自己也要求我们不轻信他人的判断，哪怕这些意见来自专家。自尊的要件是对自己负责，观察自己、掌握自己、要求自己。特别在危机时期，千万不要寄希望于他人，不要等待救世主，每个人都应该完完全全地依靠自己。不管面对失业、购买力丧失，还是疾病或生态灾害，第一时间该做的不是求助于他人——私人或公共性质的帮助，而是看看自己能够做什么并即刻行动。从这种角度看，与社会中受到更良好保护的其他阶层成员不同，已经被社会抛弃的最穷困者在危机中只有自己和最忠实的盟友得以依靠，反而最有可能自尊自重。

尊重自己同样要求我们认真对待自己的身体，此乃琐事，但不容忽视。失去生命便无法生存，肉体生命的良好状态——健康，才是一切的前提。因此，自律特别重要，控制体内的能量流转运行，进行体育锻炼，平衡饮食，爱惜和保持从头到脚的自我形象，维护镜中与他人眼中的自己——如果没能做到，就尽一切努力改变现状。大胆展示自我，接受自己被他人所认知的样子，并且努力让他人感知到你的存在、你的位置与角色、你的重要性。如果有人把这种建立自尊的努力看作对其无能的间接批判，把你当成威胁，那么不要信任这些人，不要受其狭隘和阴暗的心理所影响。

尊重自己，还需要不停地训练自己，永不满足于已经拥有的知识和技能，以求不断地提高和优化自己的各方面能力，打磨意志、提炼意义、追求卓越。用经济术语来说，就是要定期列出自己的资产负债表，让拥有的优势与劣势一目了然。尤其是花时间研究可能到来的变化，如前所述，想方设法在其中找到积极的因素并使其向好的方向发展。

自尊还会促使人们进一步澄清自己的价值观，也就是说，对于自己，善和恶的定义是什么，我们的道德底线在哪里，什么情况下可以允许自己折中或妥协；哪些是最关键的，哪些是无关紧要的；同时在事业成功与私人生活的成功之间做出选择，何者优先——当然，不排除两者都成功的可能，尽管凤毛麟角。而且需要明确自己生活中最必不可少的组成部分，一种有益的练习是将其精炼为十个关键词，记录下来，经常复习，铭记于心。这样的词汇有如：爱，友谊，激情，创新，诚实，人道主义，非暴力，公平，礼仪，乐趣，倾听，洁净，优雅，等等。生命核心的选择与实践，是多么困难的练习！

自尊，继而设定了对这些自我价值的坚持态度。对己对人一概恪守承诺、说到做到。为了生存可以去做的事情也由此被划出了清楚的界限。

自尊，只在自觉的条件下存在。自觉意味着完全彻底的清醒，不仅认识到自己保持清醒的能力、能力的上限与下限，而且认识到自己的问题出在哪里，身体上和精神上。自觉者随时准备着正视困难、接受现实，在前述的所有威胁面前保持冷静，并从中寻找求生与取胜的机会。自觉者绝对不会享受失败者的处境，也不会尽量把自己装扮成弱者以求安慰与怜悯。相反，他们会分析自身的弱点，分析并理解失败的原因，认知并控制潜在危机发生的可能性。万一危机不可避免，他们也不会欺骗自己，不会躲闪，而是直面现实。他们甚至能够挖掘最深处的自我，了解家庭与自身历史中那些不可言说的秘密，厘清来龙去脉，掌握所有自我形成的缘由。也许这貌似与我们谈论的危机求生条件不太相关，但是追溯自我的真实基础与根源，能让我们了解自己生存渴望的来处，诠释每一种行为方式的成因，并且帮助我们超越那些物质的和道德的羁绊。

同样，寻找并巩固盟友也需要自尊，特别是在动荡与失信泛滥的时代，我们愈加需要坚实的同盟。没有人能够获得他人的尊重，如果他不首先尊重自己，每一个人对待自己的方式都将必然从别人对待他的方式中得到印证。

关于建立自尊的知识，汗牛充栋：从道家哲学到佛经智慧，从心理分析到神经科学。掌握这些知识，深化其理解和运用，也是学会自尊的必要练习。

总之，这一条法则需要内部能量与自我修行，清醒与内敛，坦诚与勇敢。它尤其要求我们从当今社会弥漫的奢靡浪费的生活方式中解脱出来，即使在非危机时期也不要陷入过分的虚荣；不要让自己的存在退化为所拥有的物质财产——我有什么，而应当让真正的自我被人认知——我是什么；还要坚持价值观，大胆索取一切身为公民、消费者和劳动者理应享有的权利；尽力不让自己被社会动荡所颠覆，被历史车轮所粉碎。

这么做才能得到灵魂的安宁，得到内心的力量，同时拥有一股臻于至善的激情，不断与放弃和退缩的惰性进行斗争。自尊，能够给予我们面对危机所需的特定素质：进取心、同情心、清醒的意识、诚实正直的品格、谦逊且温和、控制力、虚心听取他人建议和果断迅速地做出决策的能力。

二、法则二：增加时间的强度

　　生存的定义里涵盖了一个时间的维度：首先，生存追求的是尽可能长时间地、充实地活着。这显然需要尽量保护自己的身体和关照自己的精神——与自尊的出发点不谋而合。然而，拥有健康的重要性不仅仅在于保持好的身体状态，生命的强度不止于尊重自我。

　　增加时间的强度要求我们至少做出二十年的人生规划，并不断地更新和延长它。不但要做职业规划，也要做私人生活的规划；不仅在家庭中和企业里执行它，也在国家和民族的层面上考虑它；如果这样的规划真实反映着你内心的渴望，那么将其铭刻在生命的每一分每一秒中，让实现规划的努力至死方休。这项艰巨的任务要求我们，在思想中锻造出自己二十年后的形象，刻画出自己在不同时点不同的样子，尽可能地精确，决心使其成真，并且用实际行动让自己变成理想中貌似与现在大相径庭的那个人。

　　这首先需要我们承认人生的意义不仅在于取得物质上的成功，我们还需要用所掌握的知识让自己的规划与整个世界的演变相结合、协调起来。这是一种困难的练习，需要万全的准备。不过我们将发现它有助于预见威胁，并将危险转化为机遇。它还能促使人探求自己天赋的使命，找寻 "voca-tion" 这个词的真正含义，思考自己生于此世是为了完成什么，究竟应该做且适合做什么，而后赋予自己动力和方法来实现它。凭借它强加在身上的荒谬工作、使人异化的不合逻辑的计划、违背自我的愚蠢无知的目标，会使人经历一种救赎性质的恐惧，这种对人生终极失败和对被现实所征服的恐惧甚至将比人们对于死亡的恐惧还要强烈和有效。

给时间增加强度，就是把每一刻当作生命的最后一刻那样生活，让每一单位的时间都得到最好的利用、填满最充实的内容。在一个越来越危险动荡、失信不忠的世界上，应该从不虚度任何一秒，绝不让生命变得无聊，除非这就是你的选择。尤其是应当把时间用在不以盈利为目的、不可买卖、不能用金钱衡量的事情上，才能体现人最核心的价值，比如花时间来与人交谈、制造惊喜、感觉温存、建立友情、创造和享受艺术、欢笑，以及爱人。

我们还应当认识到，耗费在生活乐趣上的时间是多么重要，应当学会享受过程多于占有的欲望，比如：认真地阅读一本书，而不是将其束之高阁、纳入书柜、放置床头，不再只是远远地望着它；去现场听一场音乐会，而不是仅仅收藏CD；开始一次有意思的旅行，而不是想着把车尽快换成新款；在购买和消费商品的时候，把它当作一种体验、一次对话和交流，一次对事物的全新认识。为此，将生活中的每一个行动都记录在自己短期和长期的规划当中，兼顾现在与未来；把生命的每一时刻都嵌入价值体系之中，对应人生计划形成关于整个世界的独特观点。

三、法则三：通过共鸣拥有个人的世界观

历史上的任何时刻，人们都依靠对环境的审视、对事件的预见与推测得以求生。人们必须要做的是在自尊的前提下保持清醒，不欺骗自己、编造故事；不过分天真或盲目乐观；猜测和掌握其自然环境与周围他者的反应与状态；辨别敌人并联合盟友。为了这些目的，人类储备和发展了特定的知识与学说，从星相学到天文学，从气象到物理，从经济科学到军事战略。

每个人都要试着更多、更好地运用这些知识，而首先得了解在前方等待我们的是什么，比如本书前几章提到的：威胁——破产，失业，负债，收入被剥夺等等；机会——健康、教育、居住、交通等各方面的发展进步。

在运用所能接触和获得的各个领域里最好专家的建议的同时，我们也不能满足于单纯地听取他人的意见，或是依赖局中人、利益相关方的分析，又或是轻易地接受主流的、大部分人的看法。每个人都得防止人云亦云，拒绝相信谣传，明白这绝不是认知真相的方式。每个人都要对自身面临的不

同危机建立起相应的观念，尤其当前述威胁到来时，评估自身的偏好，并不断审视自己的思维路径。

即使往往不可能清晰预见各类事件的进程，即使不可能精确推测上述危机的发生日期，我们也应该强迫自己去预测，换位思考、变更角色，设身处地考察人与人之间的互动作用以及各行为主体之间复杂的连锁反应。这要求我们仔细分析生活与职业环境；探求周围相关人物的内心、了解他们的感受，特别是努力去认识真实的他们，而不是想当然地将其默认为我们所希望的样子——如果可能，聆听他们的观点与诉说，把他们变成自己的同盟者。这些人包括：家庭成员、老师、雇主、同事、朋友、顾客，甚至对手、敌人、竞争者。

要想真正了解一个人，理解其性格、预见其行动，最有效的技巧之一是试着在这个人成年的面容里找到童年的痕迹。如果在某人脸上还能看见年轻时的样子，那么通常说明此人保留了一份纯粹和坚持，看重真实和诚信，我们便可以与之结盟。如果我们看不到一丝青春的印记，那么意味着此人否定或放弃了儿时的梦想，生活在内心的矛盾之中，也许迷失了自尊，也许善妒、悲苦、没有原则，不忠于自我，可能也不会忠于别人。

在很多场合，这种"共鸣"的能力会激发同情心，有助于建立愉快的友谊，吸引潜在的同盟者与互补者，将他们带进自己的世界，留在身边；并且在起伏不定、充满变数的工作职场或私人生活中，从一种互益的利他主义出发，保持长久和稳定的关系。还有一些情况下，与竞争对手进行合作，将其变成我们的"互补者"也是可能的。就是说，想办法把对手统驭麾下，纳入到自己家庭的、或者职业的人脉网络之中。共鸣，使人们能够辨别敌我，不害怕对抗，同时避免把对手逼上绝路；还使我们明白，有时竞争者和对手——甚至经济上、社会上、政治上、私人恩怨上的敌人都可能有道理，我们还可能最终才发现，他们实际上是正确的。依靠共鸣，人们还能帮助自己独立思考，不完全相信那些政治机构、社会组织的宣传言论，以及银行家们的夸夸其谈。这一能力在当下的危机时代尤其有益，因为我们急需认清某个雇主、某家银行或某个合伙人、合作者是否值得信赖。

为了拥有"共鸣"，培养几种特定的品格与素质是必要的。比如好奇心，理解他人的文化与行为的能力，浸淫于他人思想之中的意愿；认识、掌握和运用其他语言文字的能力；知道如何解读不同文化中所传递的语言及非语言的信息；学会接受丰富多样的文化体验与其带来的影响；把他人不同的文化和思想作为灵感的源泉，从中寻找共通之处，使其和谐并存、产生协同作用。如果这些品质以极端的形式展示出来，即成为所谓的疑心与偏执。因此我们应该刻意地训练自己，在培养这种能力的同时，通过真正的倾听和谦逊的心态控制其表现形式，将其控制在适宜的程度。

四、法则四：能够抵御打击——适应性

既然危险无论如何都会来临，人们就应该让自己处于能够抵御打击的状态；承受事业或感情上的挫折而不至崩溃；不屈服于任何的失败，哪怕是失去了支持、同盟、工作、客户、财产、顾问、亲爱的人，还是不能再从事某种活动、不能再做喜欢的事、不能再身处某个国家或者地方。要有足够的储备来抵御未知的灾难或危机，尤其是对公共的或私人的盟友、伙伴、合作者的失信或不忠有所准备，在被背叛时不至于全盘皆输、一无所有——因为在不断变革的动荡时代，在本书列举的种种危机漩涡之中，背叛并不罕见。

在我们对生活的预期里，应该储备资源、收集冗余，提前做好危机发生时的计划、掌握快速反应的战略。这就是所谓的"适应性"。

具备适应性首先要求我们检查自己的退路。即指危机来临时我们的生存不仅仅依赖一种职业、一项技术、一个能力，我们的工作与生活不只局限于一个地方，我们的收入、支出与借贷不单单只有一个来源。人们应该学会同时在不一样的角色之间游刃有余，比如：工薪阶层和创业者，雇员和雇主，产业者和商人，管理者和工人，艺术家和公务员，消费者和生产者，债权人和债务人。其次，不要让债务水平高于自己的还贷能力，不要放任自己奢侈挥霍以至于超过本身的消费水平；要重视储备，认真分析金融投资产品与建议，谨慎处理和运用自己的积蓄；永远保留部分现金，足以随时应对突发状况或不时之需。即使周边环境和所处的社会没有提供应有的条件，即使孤身一人，我们也要做好改革与变化的准备，做好改变自己、改变世界的准备。正是如此，才可能在当下的危机中获得自由。

还有——非常重要——确保在危机中的各方面安全：社会安全、经济安全、财务安全、生态安全、健康安全等等。适应性的最主要工具之一，即为保险。如果社会提供完善的保险，就参与公共保险；如果社会并不提供，那么就要靠自己寻求。实际上，一个国家、社会的核心要务，就是帮助最弱势群体拥有适应性，通过税收和财富再分配，赋予社会成员抵抗危机的手段与力量。一旦社会保障缺失，每一个人就应该用自己的努力来实现这些保障。

追求适应性，不要导致停滞与僵化。相反，拥有抵御威胁的能力、掌握确保安全的方法，恰恰会使人们更愿意并且有能力承担风险，而风险与收益往往是成正比的。

五、法则五：化威胁为机遇——创造力

一个人经常在压力的作用下失去创意和革新的能力——然而往往是在这样的时候，人最需要发挥创造性。

如果仅靠适应性已无法穿越危机，或者由适应性导致了过分的保守主义，就应该把威胁看作不可避免的事实，尝试反弹、对冲，并寻找将其转化为机遇的办法。比如：深究不满心理的原因和意义；像太极或柔道选手一样思考，利用杠杆让对手的力量为自己服务；相信每一次失败和危机都能变成改变生活的契机，更好地实现生存意义；变更合伙人或合作者，去往别处追寻更好的发展；即便要承受痛苦或无礼的对待，也要想方设法在威胁与匮乏之中找到创新的动力，打破常规、改变自我。

如此处境其实是很普遍、常见的：当艺术家失去灵感，当科研者面临不可能的壁垒，当战斗中的士兵被逼迫到死角……这个时候，必须学会选择和分享。我们应该找到意料之外的途径，那些被忽略、不受重视或在平时不具可用性的资源，以全新的角度和方式进行思考、创造，不走寻常路，挑战、探险、行动。哪怕在最坏的处境下——从失业到海啸，只要运用求生法则，绝不缴械投降、放弃希望，都有可能重振旗鼓。通俗地说，如果可以创制一种新的产品或服务，使其能够有利于他人、改善他人的生活，全身心地参与到当下新世界的诞生与形成的过程之中，就能够达到谋生的目的。

现实中的例证比比皆是：有的人失业之后创立了自己的公司并且成功致富；有的人看见自己坐吃山空、投资失败，便重新成为雇员、努力工作；有的人被伴侣抛弃，于是重新认识自我、发掘魅力，从而得到提升，收获更多幸福；有的人罹患疾病反而更加勇敢地追求自我，寻找生命的真正意义，在大限到来之前加倍珍惜，充分利用剩下的时间，做到了身体健康时无法完成的事情。

乐于革新的态度促使人们形成以下的特质：执着坚韧、足智多谋、创造力旺盛。创造力能够帮助人们从容面对危机，自己不恐慌，也不让其他人担忧，不被威胁所震慑，不被打击所麻痹，不在突发情况下陷于瘫痪，而是从敌人的力量中积极寻找自我能量的源泉。

今天的消费者，在市场自由的限度内将会愈发成为经济体的主宰。人们会结成各种各样的同盟，运用越来越复杂的策略，越来越挑剔地检验所有消费品的真实质量（尤其在环保领域），并且想要用最少的支出得到自身需求的最大满足。

为了应对购买力的普遍下降，所谓的"巧购买"（英文 smart – buy，法文 achat – malin）将成为大众智慧与创造力的明证，不同经济主体之间博弈的体现展示出消费者在信息沟通与网络构建方面强大的组织和议价能力。挥霍铺张将不再是身份的象征，相反，精简的消费方式则会成为反异化，回归自然和人本的标志，并参与塑造一种社会地位的新标准。比如，人们拥有汽车的超大排量将不再是成功人生的符号。

危机中的消费者将具有越来越高的自觉性，在价格、质量、甚至伦理方面，对所有的产品和服务提供者——比如经营者、制造商、经纪人、老师、医生、政客等等，提出更加严格的要求。他们会优先选择最便宜或性价比最高的物流和商务形式；他们会日趋倾向于光顾社区商户、小型超市、优惠品店，或者列出固定的品牌清单以简化决定过程、降低信息成本；又或者，他们只在打折季节蜂拥而动。消费行为将愈发诉诸于互联网上的价格比较，论坛上的对话和讨论，尤其是通过网络购买与转手之类的电子商务也会大行其道。

日常消费品的价格压力甚至可能导致相当部分产品（尤其面对低端市场）的免费化，比如食品、服装、汽车、旅行。占有或使用这些产品的代价常以进行视觉营销为主：消费者一方或成为身穿纸板的移动广告人，或变身为其所消费产品的海报亭。在流行行业中许多人已经接受了这类方式，甚至主动要求进行此种交易。新世代的年轻人并不会因年龄增长而改变其行为方式，他们越来越少地购买报纸、观看电视，却能够接受插播一定广告信息的免付费手机"套餐"，还能以免费使用其他生活产品为目的给卖家提供广告支持。这种所谓的无偿消费常常伴以新的融资方式，比如定额预付、筹措赞助、广告营销、会员服务，以及税收款项的运用。

为了对抗生活水平下降的压力，人们还可能趋于把消费的重点从购买一件商品的所有权转向获取其使用权。可以想象，消费者会更愿意普遍地租赁那些耐用产品，而不是花钱购买它们。这种租赁消费已经成为现实，就像在巴黎人们以很低的价格方便地租用自行车，而在英国、德国和瑞士人们也开始大量租用电动汽车。

接下来的十年里，面对生态危机，消费创新将加速。很快，有关环境的考虑会首先被列入购买标准，一切产品均不例外。在消费者眼中，产品的生态可追踪性将愈发重要，也将迫使生产方和销售商不得不牢牢地盯住环保标准。那些超级市场和购物中心将被诟病，因为前往其所在地的路程中过多地耗费燃料和汽油，造成不必要的污染，对工作者和消费者来说也是非人性化的。石油产量峰值的到来将凸显小型汽车的优势，尤其是那些每公里排放二氧化碳少于 120 克的型号以及油电混合型的车辆；由于对环境的负面影响，柴油车将在城市交通中逐渐消失。驾驶庞大的四驱车也再不会是身属精英阶层的标志。

创造力的实现必须进行长期的准备，相比之前的法则更为困难。而要实践接下来的两条生存法则，则更需要艰苦的努力。

六、法则六：不满足于单一身份——分身术

如果实在无法抵抗威胁，亦不能将其转化为机遇，那么就要准备逃离危险。如果危险来自自己的身份、标识，那么就改变它、避开它，在思想上成为别的人；或者我们可以在物理意义上远离危险，到其他地方去。此即所谓"分身术"。

这种身份的断裂随时可能发生。像细枝上的小鸟一样的生活方式，是不能够靠临时决断或接受指令而立刻形成的：这种能力需要学习和准备。我们应该尝试尽可能没有负担地生活、轻装前进，不要让生活为笨重的资债所累；相反，应该用思想充实头脑，收藏和积攒观点、经验、知识、关系、游牧式的资产与财富，以独立之精神思考存在的意义，而不是把生活只建立在对物质的追求与获取之上。也就是说，尽量不积压过多的不动产，而努力拥有更多机动灵活、可随身携带的财产；在生活中，不能只依靠一家企业，或只依赖于一个家庭，甚至也不要仅仅会使用一种语言和文字。

　　为此，我们在心理上、观念上和物质上，都得进行密集的训练和刻苦的准备。下列的各种能力特别重要：根本性地转变时间观念；哪怕在事业和个人生活上备受压抑，也能坚持忍耐；必要时，隐藏自己的历史与志向，改变固有的自我和家庭形象，变换理想、价值、人生规划、存在意义，以及对成功的定义；甚至重新开始，迁移、换个地方生活，把新生之前所有的过往，都看作短暂人生的一个阶段、或是存在的一种过程与形式。

　　适用"分身术"的危机不是不可能出现，而且对每个人来说都并非儿戏。我们还要进一步深入、坦诚地诘问，在特殊情况下，为了生存，自己是否真正具备承受与担当多种身份的能力——理解和融入多种文化，在生活中使用不同语言、听取不同学说、信仰不同宗教；能够自主地选择生活所需要的元素，而不受任何一方所摆布、灌输或整合；真实诚信地拥抱不同的生活，不论是平行的、相继的，还是——更大胆地假设——同时存在的，都无愧于人，内心坦荡。正如历史上的马拉诺人，生活在一个强迫他们在两种信仰之间做出唯一选择的时代，却在成功地保持犹太人身份的同时，也成为了基督徒。

　　生活在今天抑或将来的世界中，我们每一个人都必须准备好接受那些被他人普遍确定了的价值和选择。

　　就像我们的游牧先民那样，面对无处不在的动荡，不管是迁徙者、偷渡者、经济或政治的难民，还是当下为数众多的赤贫者，都要做好万全的准备，以便能够在任何一座城市、任何一个国家里生活，使用任何一种语言，操持任何一项职业。人们还应该学习归属多个不同的部落和群体，而不止属于一个家庭，一种私人关系；不让自己的生活局限于单一的框架、单一的地理位置、单一的职业环境里，不依赖一个爱人、一项工作，而以变化的、延续的、发展的眼光看待自己的人生。甚至在必要时——例如马拉诺人的境遇——准备着秘密地、隐忍地以多重身份去生活。

另外，还要准备去诚挚地尊重我们可能被迫接受的身份，哪怕它强加于己，哪怕它迥异于我们所希求的形象、背离我们的价值观、推翻了原本的生活目标，哪怕它与我们自己的生活方式与生存意义背道而驰。极端情况下，这意味着要准备变成与自我截然相反的人，表面懦弱但精神顽强，韬光养晦、外柔内刚。这种"分身术"的一个绝佳的例子，可举达斯汀·霍夫曼在电影《小巨人》中所扮演的人物：那是在19世纪末的美利坚，他随着胜利的不同归属而不断变换自己的阵营，时而是白人、时而是印第安人；然而不管胜利者是谁，他总与其站在一起，为的是获取胜利者的身份，得以生存。同样，马拉诺人般的绝对"分身"形式，也再次证明：万事相对、矛盾共存、对立面互相转化，真实潜藏于疑惑之中，确凿建立于否定所有绝对真理的基础之上。

然而，运用分身术不应导致对自尊的践踏，因为自尊理当是一切生存的根基，亘古不变。所以在某些情况下，自尊与自觉要求我们承担无法苟且偷生的风险。那么就应该考虑通过革新的方式，求得生存与超越的希望和机会。

七、法则七：革新思想

如本书前章所述，未来的变革势必汹涌澎湃、不可阻挡，我们甚至不得不同时承受许多方面的改变与革新。而只有那些能够与对手或敌人变得同样具有革新性的人，才有可能在未来的革新大潮之中求生存。

当前六条法则均不足以为生存提供保证，那么应该相信奋起抗争的时候已到，让自己准备好去颠覆所有的陈规陋习，去推翻僵化的制度与法则。

在一个充斥着残酷危机的世界，每个人都会面临致命的威胁，比如最底线的自我和尊严被践踏，被最亲密的朋友或同盟所背叛、出卖，最基本的生活需求得不到满足，最重要的权利遭到剥夺，被抛弃、被边缘化。这个时候，必须与陈旧的教条决裂：包容和理解最惊世骇俗的观点，洗耳恭听不同的意见；以远远多于三维的角度，观察和分析所处的世界与周边的环境；不让自己封闭在狭隘的时空之中，不把自己束缚在一个固定的范式里。我们应该准备实施正当防卫，运用其所囊括的一切方法来保护自己。只有反叛的精神、忤逆权威的勇气、自由的想象力与质疑的执着，才能激励人们追究问题的真正本质，并锲而不舍地探求其实际的解决办法。变革的能力也需要培养和锻炼，因此，身处危及生存或摧毁价值的绝境，每个人都要时刻准备着，反抗所有意图强加于自己的错误决定，切实行动起来，运用一切可能的手段（比如罢工），与压迫作斗争。值得强调的是，我们尤其要否定和拒绝当下经济危机中出现的荒谬对策——它们只会加固现存的不合理的金融体系；我们还应当对生态自杀行为说"不"，反对和制止悲剧的加重与泛滥。

自此，革新成为重新洗牌的不二选择。通过变革，人们将重新构建自我与环境的和谐；通过突破规范、不再因循守旧、反抗所有社会强加的重担与不幸，人们才得以保全自尊、追求和实现生存的意义。可见，革新意志就此回归自尊的需求，求生法则的第七条联结第一条，确切地形成了一个逻辑完整的循环。

最后一点，非常重要，就是定期检查这七条法则的执行情况——这绝不是付出微薄努力便可完成的任务。我们要铭记这些基本法则，不断以其为依据，检验自己与他人的思想和行为，分析现时与未来的各种风险；保持警惕与自觉，使其成为常态；为自己量身定做一套具体详细的求生法则，列出所有需要掌控的因素。对七法则实践情况的回顾与审查是难度很大的训练，要求我们集中注意力，具有专注和钻研的精神、开放的头脑和谦逊的态度。这种训练必须每个星期至少进行一次，通过严格的自律与沉思、安静而无压力的冥想，去习惯它，将它变成生活的一部分。如果进行得顺利，那么熟练掌握这七条求生法则的运用，必定能够赋予我们料想不到的意外宝藏。

第五章

求生——企业

讲企业经济增长条件的书多得不计其数，讲危机时期如何管理企业的书却鲜有，特别是几乎没有一本书谈到将来的危机及动荡，比如前文所述的各种威胁：市场错误，银行信贷损失，股东流失，大部分客户流失，利率上升，对某些情况缺乏准备（生态危机，工作条件受到审查或质疑，技术进步，出现新的竞争者，各种形式的不诚实行为，雇员、股东或客户失去动力）。一些专论（风险分析）特别说明了危险情况下应持的理念，如在航空领域中，检查表使飞机驾驶员能够对一切记录在册的风险及故障有所准备。这其中大部分坚守达尔文主义标准，按他们的解释，为在竞争性市场经济中存活下去，无论是否出现危机，企业都必须发展壮大——为此，必须将成本降至最低；必须专业化，尽可能成为其所在行业内最有竞争力的企业；必须吞并竞争对手，否则会被对手吃掉；尤为重要的是须时刻注意让股东满意，因为他们掌控着企业的未来。

而这还远远不够，更别说应对上述的危机和事态变化。许多企业解体的原因是除了遵循此类建议之外毫无作为。其实，无论能带来多大收益，单一行业内部过度专门化都会削弱甚至摧毁企业应对危机的能力；过于关注眼前利益会妨碍对将来的威胁作出准备。毕竟，市场经济的目标不是保证企业生存，而是力求确保资本最大化，这就导致再分配总是在倾向于赢利最多的经济部门，即使以摧毁一些在特定时期内需要资金的企业为代价。因此，资本主义并不关注这些企业的生存，一旦投资者不再能从中获取最大剩余价值和利润，这些企业就无法存活下去，而投资者的忠诚并禁不起预期收益下跌的考验。

面对这一结构性威胁，一个企业的"死亡"或说破产总是同一系列恶性连锁反应的后果：面对威胁或机遇时犯了战略性错误→对此错误的后果缺乏预期→出现亏损→资金周转问题反复出现→债务增长→资产贬值→股票跌落→走向"不归路"。

与一切个人或人类社会的生存一样，企业的生存首先是维持其生命，此处意即保持长期稳定盈利。这不仅有赖于竞争交锋中的胜利，还有赖于合作者的忠诚；可以不苛求眼前利益最大化，但要重视长期价值。持续盈利并不来自于保存定期收益，而来自于应对危机时采取的革新措施。保持盈利不等于照搬顶尖商校教材给的教诲（尽管这也很有必要），而是要遵循以上述七大生存原则为中心而制订的策略，这七条原则适用于危机将至时面临危险及各种可能性的一切实体，特别是企业。

即便一个全球性公司与一个社区小店有天壤之别，即便一个工业企业与一家饭店、一家银行、一家服务公司之间少有共同点，它们也都应极其严格地运用这七大原则。这些原则要求企业领导及整个企业进行实实在在的、深入的内省以便定期监控原则的实施情况，而我们将会看到一些关于企业管理模式、关于未来发展领域和行业的令人意外的结论由此产生。

一、生存原则

将上述原则应用于企业的方式不同于将其应用于个人的方式。首先，企业不是自然人，而是"法"人（虽然在其行为中并无必然的道德与正义存在）；而且对企业而言，什么是"尊重规则"也难以概念化。

因此，应首先将企业视为一个具有自我管理能力的实体，能够保持行为连贯、逻辑严密的实体，尤其是能够遵循规则的实体。

其次，应辨认内部合作者（雇员及股东）与外部合作者（客户、顾问、银行家、金融分析师、监管者及补充者——在市场上处于该企业上游或下游的主体）。

最后，应区别两类补充者。一类补充者为企业提供多种产品组成部分或服务的：供应商、分包商、比赛许可证持有者，如 IBM 拥有 90 000 多个工业及商业合作伙伴；Nike 的合作伙伴遍至九个国家；空客（Airbus）有上千个合作伙伴且知道分包商经营状况良好于自己十分有益。另一类补充者提供产品或服务，其销售与企业自身产品的销售相关，如电脑与软件、安装承包商与设备制造商、操纵台与电子游戏之间的联系。

只有当其所有内部及外部合作者都能维持各自生计时企业才能生存，因此，若能力允许，企业向合作伙伴提供其全部或部分资源，或至少是帮助合作伙伴获得资源，都是于企业自身有益的。

例如，鼓励员工尊重自我，要求企业尊重员工劳动；员工的时间观念要求企业为其制订职业规划；员工对企业的情感认同要求企业内部的社会和民主生活；保持员工的创造力和分身有术的能力要靠持久的培训，培训使员工对职业活动变更有所准备；培养员工的抗打击能力要靠社会保障和保险；维护员工进行反抗的权利要靠对劳动法规定的索赔程序的遵守。这些是员工忠于企业的条件，也是其他合作者（股东、客户、银行家、分包商、补充性实体）忠于企业的条件。

此外，作为一个实体，企业在面对前文提及的挑战及威胁时自己也应遵循以下七大原则。

1. 原则一：定义价值——自尊

无论是在企业还是个人当中，具备自尊既不是普遍的、也不是自然而然的事。其实许多企业并不是真的渴望生存下去，而它们自己并不承认这一点。在前文提及的经济、社会或政治危机中，许多企业犯了战略性错误后垮掉了，其原因不过就是它们放弃了，不再有斗争的愿望；它们不再真正地寻找可能使自己从危机中脱身的解决办法；老板或最重要的员工在思考其他计划并离开了；或者是股东放弃了企业。

许多企业自欺欺人，甚至在企业内部也谎话连篇，尤其是关于企业财务的稳定性方面。这些企业声称能够有效应对上述一切危机，却没有真正去准备。它们没有为实现以下目标而付出必需的努力，也没有尽全力使其雇员、股东、客户实现这些目标：明确自身存在意义并尊重企业价值；清楚自己的缺陷，正直、自重；保持产品高水准；创造条件以使自己真心感到自豪并表现出来。

若企业未将自身区别于其合作者最迫切、最自私的期望，未成功地令其合作者对某一项目感兴趣，未成功说服其合作者尊重自己，那么企业绝不可能得到其合作者持久的信任和忠诚，也就绝不可能生存下去。

为获得自尊，企业应该：

① 肯定企业价值，以使自尊成为现实而不是停留在简单想象上。企业应着重检验完成任务的质量以及提供给公司全体，特别是合作者的待遇；企业应说明它在哪些方面有助于民众、各个国家及全人类的生存；企业应自我规定如何去做

一个合格的公民，关心下列群体的利益：雇员、股东、消费者以及所有受益于企业行为或可能因企业行为而受到损害的个体，特别是对环境造成的外部性。这些不能是空谈，而应付诸实际行动。

②选择与自己价值观相同的外部合作者：能够一起工作（更何况是兼并、组合）的企业必怀有同样的理想，持同样的道德观价值观，对未来威胁和可能性的理解看法相同，或无论如何它们至少努力使各自在此方面的目标趋向一致。

③忠于合作伙伴，以得到他们对企业的忠诚。因此，企业必须遵守合同和诺言，尤其是就产品质量、工作合同、环境作出的承诺。

④以尊重讲话。无论对内还是对外，传播如下情感讯息：这是一家正直、谦逊、重视自身价值的企业，它明白自己的存在意义，不自己欺骗自己；特别是不在遵守法律上自欺，在面临金融及银行业危机时不在财务状况上自欺。

⑤讲述企业历史。为激励自尊，企业应记录其历史，尤其应记录企业是怎样成立的，企业过去是怎样渡过危机的，并使合作伙伴对此有所了解。若理据充分，为了重新找到企业价值根基甚至应修建企业博物馆，但出发点必须绝对正直，而非去做广告性质的演说或展示。这有可能导致"曝光"，即一些有悖企业价值和历史的不光彩记录被公开，尤其是如果企业曾为生存而践踏了自身价值，并未加反抗地接

受了不尊重人权和人性的政治制度。

⑥ 有规律地审查"尊重"思想的落实情况。企业应不间断地自检，核查自己在以下方面做得如何：尊重自身价值，遵循工作程序，遵守合同、诺言和对客户、员工、股东、外部环境及一切合作伙伴作出的承诺，并将审查结果告知所有合作者，特别是要检查将来的危险会如何把企业引向对自身价值的无视。

2. 原则二：使时间增值——强度

时间，是唯一真正稀有、值得节约的最珍贵宝藏，若能被交易就必然具有价值。因此，无论是对企业自身还是对其合作者而言，时间都是最宝贵的。

任何企业，任何人，只有从长远打算，只有不把注意力局限于眼前利益和偶然威胁，才能生存下去。企业应特别重视应对危机（尤其是金融和生态危机）以及个人自由经由市场和民主施加于己的现时压力。为此，企业须应用以下原则：

① 企业行为长期化，特别是在财务、研发、员工管理及与合作者的关系方面，更具体地讲，是在企业的活力源泉、社会关系、新的市场趋势、风尚及技术的变化发展方面。应根据各种可能的假设，尤其是对危机情景的各种假设，就企业流动资金的中期发展建立尽可能明确的构想。

② 从中推断制订出企业发展方案，此方案融合了一切价

值观念、一切可预见的组织演变及其经济、社会、金融、生态、伦理和美学意义。此方案应包括对市场、技术、同盟及资助的选择并与上述的未来趋向相结合。其次，须使企业所有内部合作者了解此方案，须使方案适应企业现状和发展变化，并将其与企业财务实际相对比。

③ 在以上方案的框架内，尽可能向协作者提供最佳时间安排。避免在无意义的加时会议中浪费协作者的精力和创造力。不要就时间安排向协作者施加压力，这有损企业名誉。应依据大体上可用的时间来安排协作者的工作时间和酬劳，防止移动技术的应用（现有的和未来将现的）导致闲暇时间被工作占用或对员工工作的持续监视。

④ 帮助客户实现最高效的时间利用。更普遍地讲，是借助企业的产品或服务——这些产品或服务是新兴技术，尤其是 NBIC 汇聚技术的产物——来提高客户的时间利用效率。为此，企业须不断思考时间的价值——时间可能是企业销售的商品，或是其补充者销售的商品或服务。企业应致力于使客户的时间与生命周期也由此得到改善。因此，某一产品或服务的价值将不仅取决于生产它所必需的时间，还取决于顾客愿为之投入的时间，或它为顾客节约的时间：一辆汽车、一位顾问、一部移动设备的价值均与其节省下的时间有关；同理，现代社会中时间稀缺造成的压力日益凸显，随技术进步、需求发展而出现的一切产品和服务的价值取决于它为顾客节约的时间。

⑤ 令消费者感到购买行为本身就是一种使时间增值的做法，是一种强烈的体验。特别是应使一切商品或服务交易中（无论是网络上还是现实中）搜索、询问、"淘宝"的过程有趣味性，令人愉悦且密集高效。这意味着在以下方面作出全新的思考：销售者的角色和培训，商业操作及如何令其成为一种娱乐，对顾客表示尊敬，更加重视并认真对待顾客，培养顾客群，征求客户意见并加以考虑。

⑥ 向股东展现其资金增值的蓝图，向其提供明晰的长期增值策略，这些策略总能在企业发展方案的框架内得到说明且能促生并保持股东对企业的忠诚。为了解如何长期保持股东忠诚，企业要表明自己有能力将发展方案置于对未来危险和可能性的整体分析中。

3. 原则三：了解环境及其带来的风险——共鸣

能生存下去的企业是这样的：在亲眼看到预测危机的重要性之后，能在对潜在威胁的分析上尽可能走得远；面临危机，能准备好应对所有不测、了解敌人、为自己找到盟友。

为此所需的远不仅仅是市场研究、商业计划书或现金流量计划（但这些仍然必不可少），还须具备以下能力：从整体上理解世界，包括危机和长期发展演变；了解企业的每一合作者将如何应对每次演变的反应；设身处地为内部和外部合作者考虑，以预料其反应并建立"安全保障"与同盟网。这就要求：

①就未来危机的各个层面寻找最佳信息来源，尤其是不可胜数的有可能在流动资金、经济、社会、文化、生态和政治方面影响企业未来的危机。

②持续探索一切可能对企业产生影响的未来发展大势，特别是经济、金融、社会、文化及政治上的变动。

③从掌握的信息中推断出未来所有领域的发展趋势：能源、水资源、保险、娱乐、医疗卫生、基础设施、服务业及信息安全、风险管理、公共财政服务、农业、畜牧业、养鱼业、生态、可再生能源、气候工程、废弃物、超市、员工再就业、医疗设备、生物医学、生物技术、纳米技术、神经科学、个性化服务、养老、地方行政管理、后勤、咨询机构。

这就要求企业：

①识别重大的财务风险，尤其是因财务分析不足、债务过量或受当前危机影响，以致曾承诺的较高收益率难以达到而引发的风险。

②识别企业或其直接环境（文化、技术、生态、社会、政治环境）特有的活动中断或局势紧张的风险。除整体风险外，领导者能力不足或意外变故也可能威胁企业生存。

③对以上所有风险作出自己的判断，不要屈从大多数人的意见，不要听信传闻，特别是所谓的"市场"传闻——当下的危机恰恰表明，市场是麻木而盲目的。

④尊重实际：无论面临何种危机，特别是本书至此所讲的一切危机，企业都应承认现实。如果企业意识到最重要的

决定还未作出或准备就绪，就不要盲目地寄希望于好消息的降临。

⑤ 深入了解协作者（包括员工和非员工），设身处地为协作者寻找合适的职位，力求知其所想，预料其反应，预知其抱负和职业规划。不要仅仅依靠发奖金或红利，这从来无法保证协作者的忠实。在形势越来越不稳定时，更应尝试去预测战略人才的举动以得到他们的忠诚。企业应保证战略人才的职业培训，倾听、信任他们，确保他们获得公平的利润分配（至少应与其遇到或解决的困难成比例）。

⑥ 对企业产品价值有清醒的认识，不要忘记某一产品或服务的价值只相当于潜在顾客在特定时刻愿意支付的价格，无论如何此产品或服务的售价不会仅由其成本价决定，而是取决于整个竞争环境。

⑦ 设身处地为外部合作者（客户、供应商、分包商、顾问等）考虑，了解他们在财务和人事方面的期待，为此须持谦恭的态度，注意了解他人的文化背景并能够承认别人也可能有道理，尤其客户。

这就要求：

① 与合作伙伴建立长期忠诚关系，而非仅仅局限于法律合同内的规定，特别是在工业产权或知识产权方面。应帮助合作伙伴巩固财务健康，如有必要，与其共同分担研发费用——还是利他主义。

② 与补充性合作者建立非资本密集型的合作网络，尤其

是与处于新兴领域的企业合作，它们可能会成为企业的主要合作伙伴——前文提及的若干重要发展趋势，特别是新生的NBIC 汇聚技术即可说明这一点，例如汽车生产厂商与研发太阳能和光电池技术的企业合作，制药实验室与研发生物技术的企业合作，微处理器制造商与研发纳米技术的企业合作，等等。

③ 侦察探索外部或内部合作者（尤其是补充性企业）不忠行为的根源，合作伙伴可能由此变为企业的竞争对手或竞争对手的盟友。

④ 设想自己处于竞争对手的位置，详细研究其企业文化、市场、历史、发展方案、环境及企业价值观，以了解面对未来发展的大趋势时对手将如何行动、如何反应。不一定要向对手透露自己的计划或情绪，但最好"勾勒"出对手的"轮廓"并确定其行动范围。

4. 原则四：经得起任何攻击而不被摧毁——适应性

许多企业倒闭的原因是面对危机或意外变化时犯了战略性错误，只信任极少数客户，失去一支必不可少的团队或签了不当的保险合同。因此，企业须经得起灾难性事件或非致命性的失败：即使丢失大批客户也不会破产，即使某一重要管理者离开也不会造成重大损失，即使丧失信用额度也能维持经营，即使失去一项专利也不会倒闭。出现危机和趋势的预兆时，以上风险是多重的，但也是可预见的。

这就要求：不断分析冗余信息，即企业内部用于解决某一威胁（通过换位思考发现的经济、社会、技术、生态、金融或其他问题）的多种方法；如果上述最坏情况出现，准备好更换战略，动用替代资源，尤其是动员新的战略伙伴，而这又需要：

① 拥有应对上述一切危机所必需的流动资金；不要仅依靠一位出资者；要在形势良好时，与出资者商定信用额度以供处境困难时使用。

② 确认出资者与股东具有相同的价值观，这样危机（尤其是金融危机）时刻或突然出现投资机会时，他们才可能共同响应号召。

③ 尽可能建立一切保险机制，以应对上述一切风险及企业特有风险，补偿损失、重新启动：对任何企业或个人而言，制订风险及相应的对冲基金类型列表都是一项关键任务。

④ 将大部分固定成本转化为变动成本，以满足"适应性"原则的要求并尽可能富于灵活性，这就需要最佳的供求流畅性、高度的企业游牧性，并且持续追踪、消除浪费、减少年金等定期开支。

⑤ 准备应急行动方案（特别是流动资金和通信方面），或者，如没有此类方案，至少须准备用以应对任何危机的快速反应程序，包括仿真的演练及负责人之间的快速交流系统（但不过分强调等级制度）。

⑥ 负责风险监控（金融、生态、法律及保险方面的）的人员地位和薪酬，至少与其监管对象相符，并将以下任务交由他们完成：定期评估企业的抗打击能力，测试冗余信息的有效性并将结果报告给企业高层。

⑦ 向企业各层员工普及抗风险理念，但勿令其变为禁止承担任何风险的过度预防原则。相反，充分的风险意识应使企业更加敢于、善于冒险：一旦完成危险评估衡量并采取保护措施后，大胆行动就成为可能。

5. 原则五：学习化威胁为机遇——创造力

在某一危机或似乎不可抵抗的事态变化的影响下，企业与个人一样可能面临危险景况，陷于官僚主义中，无法做任何决定，丧失创新能力。因此，学习如何将威胁、危难、失败和意外变故转化为机遇是很重要的。为此，务必不要在组织、技术、市场、合作伙伴等方面拒绝任何可能性，直到找到能使企业起死回生的路径。应特别注意：

① 不要将合作伙伴的拒绝视作答复，而要不断努力化问题为答案。

② 与其冒战败的风险，不如不与竞争对手开战，若有可能，努力将对手变为补充合作者。

③ 面对全球性价格下降所致的压力，转向激励创新，这一点尤为重要。例如，通过简化模型（采用三级变速箱而非六级变速箱，借用其他模型的零件）来应对汽车价格压力。

正是通过应用这一原则，Tata（印度最大的私人汽车集团）在欧洲市场上推出的产品的名称将变成"Europa"（欧罗巴）。销售业内一些企业重新创制组织模式，让许多企业最终明白了贫困群体的市场可能非常广阔，前提是他们能够得到理应得到的尊重对待。

④ 面对全球性价格下降所致的压力，推动企业与供应商关系的重新组织：发展众包模式，将任务分配给互联网上的个体分包者。例如，CrowdSpring（知名的在线创意服务交易网站）为千万名产品设计者提供了竞争平台，LG 电子公司曾让他们参与构思新一代移动电话；Open Ad（在线广告交易网站）平台使无数广告创意人（自由职业者或广告公司）实现在线投标（包括一些大公司的招标项目）；Mechanical Turk（美国亚马逊公司推出的在线众包服务平台）网站吸引了千千万万人在线合作完成一些简单任务（识别某幅图中的被摄物，参与计算机图形程序编写）；等等。

⑤ 面对全球性价格下降所致的压力，转而鼓励研发新生产技术：例如，采用云计算技术以降低信息处理成本，采用并行处理技术以提高数据处理能力并降低成本。

⑥ 面对全球性价格下降所致的压力，转而鼓励将客户变为补充性合作者：标致（Peugeot）、戴尔（Dell）和乐高（Lego）都曾举办面向广大客户的设计竞赛。顾客成为自己欲购产品的"志愿设计师"。

⑦ 将原材料的稀缺性转化为新产品市场。例如，化石能

源供应减少为节能设备、替代能源、气候工程、混合动力车或电动车、燃料电池创造市场；水资源稀缺为转基因作物创造市场；可耕地稀缺推动了水培技术、垂直农场和养鱼业的创新；某些矿物的稀缺促生对新材料（如石墨）的聚焦；等等。

⑧ 更普遍地讲，将自然环境制约转化为产业创新的源泉。例如，利用生物技术降低动物体甲烷排放，利用纳米技术进行碳捕捉等等。

⑨ 将自然环境制约转化为商业创新的源泉，吸收客户加入保护环境的行动：公布碳排放量和可再生能源利用目标，以消除消费行为中破坏生态环境的因素，并通过吸引关心可持续发展的协作者和投资者来保持合作伙伴的忠诚。

⑩ 将信息价格的技术性下跌转化为市场创新的源泉：这一条针对新闻出版、大众传媒、音乐、电影等受到虚拟世界冲击的非物质产品；同时，还应创制新的非物质产品定价程序，使从中得益的补充合作企业（如利用网络平台的供应商）也参与分摊费用。

⑪ 利用价格普遍下降、消费者渴望变得更加精明导致品牌效应减弱这一现实，通过提供新服务来帮助客户提高时间利用效率来重塑品牌力。

为了充分发挥创造性，应培养企业协作者的集体创造力，不论级别地位，吸收所有协作者参与创新，并运用一部分专利收入；特别是要采用新方法（应优于沿用至今的头脑风暴）激发创造力。

6. 原则六：分身有术

无论财务分析师的意见如何（尽管他们自认是优秀的"资金定向"策略），将资本仅集中于某一行业并无法保证企业生存——万一市场消失，企业可能无法应对。为幸免于此类动荡，企业应时刻准备改变身份：预备多重身份，能够生产全然不同的产品而仅保留原名（甚至连名字也换掉）。

原有市场萎缩，但企业通过彻底转变经营活动而成功地生存下去，这样的例子有许多。通常，所选的新行业与原活动领域有一定联系，例如，从已难以赢利的"外围产品"转向附加值高得多的"核心产品"。但有时新旧行业间可能毫无联系，如从海军军备制造转向旅游业，从航空转向体育，从水利转向电话，从银行业转向能源领域，此时起决定作用的则是机遇。

为拥有如此的灵活性和彻底变身的能力，企业应将自身视为一个弹性十足的实体，其存在意义是为某一群体提供最优秀的服务（无论如何，优于竞争对手），其职责是使其集聚的人力资源得到最高效利用，人尽其才，但企业不应局限于单一行业，好比一个杂技团，需要以企业价值为核心，缔造品牌，制订总体策略，结盟纳贤，培养协作者使其与时俱进，取得协作者的忠诚、整个过程的统一与协调，对所有必要的转变进行跟踪，考虑全新的行业，着手测试，推广新生产（作为"余兴节目"），如未达到预期，准备好转变。

7. 原则七：革新思想

最后，极端情况下，如果国家或合作伙伴一方独占有利条件，损害了企业利益，企业应在遵守法律、尊重自身价值观的前提下，准备好为生存而违反自己的原则：除违背企业价值和背叛内部合作者、员工及股东的行为之外，都属于正当防卫。例如，企业应准备好迁移，放眼全球，脱离对国家的任何附着，除非这种附着本就内含于企业身份认同之中——这种情况很常见。

为使以上每一条原则的应用更加方便易行，咨询业将出现新兴岗位。建立"自我意识"需要专业训练师、分析师、教授；"使时间增值"原则催生"生活便利家"：帮助企业节约时间以使其产品的耐久性及企业协作者的时间有意义；"共鸣"原则催生对外部世界及其中危险的分析者与事后安慰者；具备"适应性"需要保险人及风险管理师；开发"创造力"需要神经科学专家和"创造力激发者"；掌握"分身术"需要"游牧技能训练师"及职业发展指导师；"革新思想"原则要求企业具备战略胆魄、有效的员工代表制度以及优秀的律师。

掌握以上新兴职业的人才储备（无论内部还是外部）将对未来发展具有愈发重要的战略意义，若实现了这一点，企业将能更好地生存。

二、适当的管理

为在上述的全球变革背景下实行这些改革，企业领导者及行政管理系统全体也应遵循这七条原则并确保其领导的企业不间断地应用这些原则。因此，选择企业领导者及管理人员时应把以身作则的能力、执行这七大战略原则的能力作为参考依据。

① 领导者的首要任务是尊重自己服务的企业。为此，领导者应在以下方面尽可能做到卓越：在道德、精神、文化方面严格要求自己；高度自控、态度谦虚、沉着冷静；敢于说实话，具有良好的沟通能力、指挥能力，激发对卓越的追求，善于创造、保持并增强企业管理者、股东及客户的忠诚度。领导者应代表着企业对自身的尊重，对协作者严格要求，任命协作者担任合适的职务，并接受协作者对自己的批评指正或反驳。

② 领导者须确定企业的长期发展目标，使其与时俱进；应自己规定速度，而不是"随着音乐起舞"；不要只关心短期利益；不要想着在灾难来临前再捞一笔，而是要预防灾难发生（无论是何种灾难）；应采取多种预防措施，尤其是在财务方面；应敢于为某些技术冒风险，对过于不成熟的技

术，则应推迟其投入应用的时间。领导者不应为了使自己分得尽可能多的奖金和红利而使人误以为企业的一切情况良好（企业或银行的领导者任期很短，此种行为屡见不鲜）。

③ 领导者须能得到各方面提交的、来自全世界的信息；了解技术（尤其是 NBIC 技术汇总以及其在认知领域内的应用）、环境、医疗卫生和教育；进行科技追踪和社会观察；倾听企业各层员工和企业协作者的声音；就对手企业及其补充合作企业的领导者的行为进行预测和分析；选择可与完全信任的协作者和合作伙伴；发展各种网络（从人际到物流）并将其置于最佳地点；把企业战略的主要部分集中在客户、员工和产品方面。

④ 不断检验在发生战略错误时、某项融资控制不佳时或发生其他任何可识别的风险时，企业能否生存下去；检验所有保险机制和冗余信息是否就位。根据类型、稳定性和长期性选择（并使自己能够选择）融资。

⑤ 能够激发首创精神并接受创造性的举措；在化危机为转变源泉这一点上超前于协作者；保持各单位独立自主，同时关注整体工作成绩；在企业内广泛激发创造力和创新热情。

⑥ 最先想到：面对某一不可抵挡的威胁或动荡，企业可能需要彻底转变活动范围；为了生存可能需要考虑新工艺，部分或全部出售某些旧工艺；极端情况下，甚至可能需要企业合并，作为领导者，此时不要烦恼于企业的"自我"问

题，接受其消亡是为了以另一种形式存活下去。

⑦ 最后，培养革新性的语言、创造力和思想；意识到这一必要：跳出固有的思维模式而非遵守规则和惯例，特别是在前文所讲的灾难突然发生时。

最后，回到领导者的自我意识、自我认同、对自身生存进行思考的能力、自身存在价值。正如美国通用电气公司董事会主席兼首席执行官杰夫·伊梅尔特所说：领导力的学习本身就是一个漫长的探索过程。

三、未来

掌握以上战略的企业将朝着在未来发展趋势中大有前途的领域进军。在这些得益于动态分析（参见"原则三：共鸣"第三点）的领域中，应突出：能源、水资源、基础设施、娱乐、医疗卫生、各类网络、服务业及信息安全、风险管理、畜牧业、养鱼业、农业、生态、可再生能源、气候工程、废弃物、超市、地方行政管理、后勤、公共财政服务、员工再就业、医疗设备、生物医学、个性化服务、养老。

理论上讲，以上领域中最适宜应用七大原则的是：农业、食品加工业、水资源、能源、通信、绿色经济、医疗卫生、旅游业、金融产业、互联网产业。所需努力最多的则是：汽车、住房和大众传媒。

更具体地说，自尊原则有利于公共服务，使时间增值原则有利于医疗和教育，共鸣原则有利于农业、医疗卫生、水资源，适应性原则有利于保险、能源、水资源，创造力原则有利于金融、互联网和 NBIC 汇聚技术，分身有术原则有利于金融和互联网，革新思想原则面向未知。

最后胜出的领域处于以下两条标准交叉点：发展动态和生存动态，其中包括：基础设施、水、能源、网络、娱乐、农业、绿色经济、医疗卫生、保险、教育。

生存处境更佳的是用耐心武装起来的没有股东的"社会企业"，其目的是完成某一社会使命，盈利对其而言不过是一种束缚。资本主义企业必须向客户提供服务以为股东谋取利润，而社会企业赚取利润是为了服务客户。因此，自尊、共鸣、适应性、分身术、创造性、使时间增值的原则，甚至革新思想，都应该在社会企业内充分产生作用。

奇怪的自相矛盾：企业在市场中的生存促生了一类否定市场需求的新兴企业，这就如同个体生存战略引发人类向智人的演变一样难以理解。

对于国家而言也是如此，我们将在下一章讨论。

第六章

求生——国家

　　尽管国家看起来固定不变，尽管其领土似乎原地不动，其实与个人和企业一样，国家的生死存亡也深受各种内部和外部威胁的影响。

　　长期的历史表明，国家不是永生不灭的，任何国家总是以消亡为结束：所有的"第一帝国"最终解体；所有古代城邦最终被其周围国家吞食；微型的国家最终集合成为面积更加广阔的国家。更普遍地讲，一个国家走向灭亡的原因可能是：国家失去自卫的军事力量（或失去求生的意志）；被他国入侵；其国民不愿再生活在一起（如公元前 8 世纪时的希伯来人和犹太人）或不愿再被迫生活在一起（如 1992 年捷克斯洛伐克联邦共和国的解体）；被经济、生态或公共卫生危机摧毁；偏离或对抗历史前进方向，而被不可抗拒的洪流卷走一切。通常，一个国家消亡前会出现财政和军事崩溃，而这又常常由于无力维持过于奢侈的生活方式，或敌人过于强大、国防花费过高。有些国家消失解体，成为若干个独立国家（如苏联、南斯拉夫）。许多国家在尚未真正消失之前就被历史所遗忘，越来越弱小；有些国家消失了，留下一个所指范围广得多的名称，如马里帝国（存在于中世纪的西非帝国）；也有些国家分解消亡后在其他国家境内留下其文明踪迹（如今天阿富汗境内的巴克特利亚、墨西哥境内的阿兹特克）；还有一些国家彻底消失了，既无语言踪迹也无政治踪迹留下，如前哥伦布时期的北美洲某些国家。

现今尚存的最古老的国家（伊拉克、埃及、中国、以色列、亚美尼亚）都曾有一段消失的时期，也都经历了无数边疆战乱，其名称、语言、宗教和人口都曾被颠覆、混合、改变。

通常，一个国家的诞生始于与另一个国家分离：离开更贫困的邻国（如捷克与斯洛伐克分裂）、摆脱殖民主义国家（如阿尔及利亚脱离法国统治）或人为划分的群体及地域（如孟加拉脱离巴基斯坦）。当有充足理由（语言、种族或历史的）生活在一起的一群人凭借其经济、政治、军事或外交力量成功地从外部环境中脱身时，一个国家就会诞生。一个国家的成立还常常是非理性的，并不会事先征求在此地生活者的意见，而仅由某一冲突的胜利者任意行事：就像维也纳会议、凡尔赛会议或塞弗勒秘密会议（1956）所做出的决定一样。

许多国家（印度、巴基斯坦及亚洲、非洲许多国家）诞生于 20 世纪的非殖民化运动中；另一些国家（波罗的海国家）的诞生则源于二战时的决议或苏联"帝国"的解体（成立了 14 个独立国家）。

进入 21 世纪以来，还没有新的国家诞生；有些国家正

处于被承认为独立国家的过程中，如巴勒斯坦。也没有任何
国家消失；不少表面上看来持久的国家，有可能内部冲突或
主权脆弱（如索马里及程度略轻的利比亚、塞拉利昂、尼日
利亚、阿富汗、伊拉克）。还有一些国家（如伊拉克）在顽
敌的公开威胁下，每天都有亡国的危险。前文所讲的危机和
发展大趋势给世界上所有国家带来威胁：美国恐遇金融崩
溃；欧洲面临人口老龄化；其他更年轻、组织机构不够健全
的国家则有分崩离析的危险。

这些提醒引发对国家生存机制的思考——请再次参照本
书所讲的适用于一切实体的生存原则。显然，须对这些普遍
原则作具体应用。据此，国家首先应当助其国民生存。

一个国家若想生存下去，就必须忠于一切成员（个人、
企业），并助其获得用于应对危机和变化的资源：教育（由
国家保障）促进国民的自尊、分身术、创造力和革新思想；
治安保护、公共卫生和社会保障使公民具有时间观念和适应
能力；民主生活促进共鸣。还应通过建设法治国家来帮助企
业，不断追求卓越并提供强大的保障力：例如企业自尊的实
现需要透明的银行和金融法律法规；企业适应力需要以健全
的保险为前提……所有这些都需要更大的灵活性，对产权与
契约的保护，以及智识与远见。

此外，任何国家都须掌握独立于其构成的生存资源。为
此，国家也必须应用个人和企业的生存原则；而这一职责归
于国家主要的政策工具——政府。

事实上，这些原则的应用引发对国家行为理论及模式的彻底再思考。

一、重新思考国家行为

1. 自尊

与个人、企业一样，一个国家如果在面对自然灾害、他国入侵、粮食匮乏时不再坚持、丧失斗争愿望、自我放弃，那么它就会灭亡。12 世纪时帕伦克城（尤卡坦半岛上的玛雅文明城邦）因可耕地资源彻底枯竭而衰落，1940 年法国因重要的能源短缺而沦陷，大概都属于这种情况。

如果没有求生愿望，如果不为自己感到自豪，如果没有勇气抗击衰退的动因，任何国家都不可能生存下去。同样，如果将国民维系在一起的仅仅是恐惧，便没有任何一个国家能够长存：因为一旦恐惧消失，面临危险时曾以这种方式维持凝聚力的国家，将迅速崩溃瓦解，如捷克斯洛伐克、南斯拉夫、苏联。

面对今后可能构成威胁的一切，生存的首要条件就是不要放弃，保持对自身重要性和自身生存意义的信心。

可根据一个国家在以下方面的态度来衡量其自尊：国防、出生率、爱国精神以及反向的酒精、毒品、自杀、虐待妇女儿童。一个国家以怎样的方式设想其未来、肯定价值、保护爱国精神、重视自己在公共场所的形象（尤其是港口、火车站、飞机场等迎接外国人的第一扇窗口）也可以成为衡量其自尊的依据。

还可根据国家领导人和国民是否忠于国家来衡量其自尊：如果国家放任领导人和国民破坏其资源及自然遗产、文化遗产，不纳税，违反法律，弃国而不思返；如果国家即将遭到侵犯却不能把领导人和国民团结起来，那么这不是一个自尊自重的国家。政治领导人腐化堕落，家庭没有孩子，军队不被尊重，银行系统不受监管，企业领导者厚颜无耻，政府部门玩忽职守，年轻人有自杀倾向，环境被蹂躏破坏，有钱人准备移民他国，支持者失去理性，甚至机场、港口管理不佳：如此多的迹象都在表明这个国家缺乏自尊，即便同时伴随的是强烈的沙文主义。

最缺乏自尊的国家中，位居其首的是大部分非洲国家、中国和印度。而那些任由一大部分国民处于贫困境地且承受丧失社会保障之苦的国家，还包括美国。

相反，更为自尊自重的国家中有英国、日本（虽然其人口老龄化尤为明显）、荷兰及一些北欧国家（虽然酗酒和自杀问题严峻）。岛屿国家似乎比陆地国家更具自我尊重能力。

此外，只有当公民全体能长远地自我设想、自我规划时，自尊才能实现。

2. 珍惜时间、加大强度

面对挑战和危难，一个国家只有做到以下几点才能生存下去：从长期自我设想，充分认识自身的历史和存在意义；更好地利用国家遗产；建立并公布长期发展方案；重视各代国民共同经历的过往。

这首先体现在家庭政策和环境政策上，同时还应对公共支出、进口和养老金稳定拨款，但不使当代人的福利成为后代人肩上的重负——近来的债务加剧以及可预见的医疗卫生、教育、环境保护开支增加令这一点尤其难以解决。应制订大型动员项目：国防、国际联盟或文化认同项目。此外，保护一切不以商品交易为目的而进行的劳动生产（初看起来，这是逆全球商品化潮流而行）：无偿的、情感的、艺术的。

在以上方面大有欠缺的国家包括美国（财政赤字巨大）和日本（人口老龄化程度居世界首位）；相反的则有法国、印度和非洲国家。

3. 共鸣

为了生存，国家须能够衡量并了解自己可能遭遇的威胁。为此应分析合作者的想法、抱负、需求；辨认潜在的盟友和敌人；了解后者可能会在哪些方面危害自己并预测其行动和反应。

为此，国家须具备战略纵深，即良好的理解外部世界的能力：穿透防御，"察验人肺腑心肠"（出自1744年大卫·马丁版圣经，启示录2∶23），更直接地讲，就是智慧地、公开地探察他者以尽可能了解其可能的行为表现。

首先，国家与国民之间应产生共鸣，这要求尽可能地实行直接民主，以及高度关注社会公平和精英流动。

接下来，应确定敌人的方位，即使是乍看之下无人预料会有敌人埋伏的地方。根据敌人的性质特点来制订防御战略，尤其是情报战略，以保持自己对潜在对手知己知彼。

设想自己处于潜在敌人的位置，就能最终说服自己相信敌人有其道理，甚至是将敌人变为盟友。这可能是以色列和巴勒斯坦双方都应采取的行为。

还应结合自身面临威胁的性质特点，从中推断制订联盟战略——仍然是源自共鸣的"互利互惠的利他主义"，这是生存所必需的。支援最弱小的国家，也是危机将至时对自我的保障。

今天，面对一切威胁和对未来的展望，显著缺乏共鸣能力与同理心的国家有日本、伊朗、英国和美国，它们往往不能设身处地去理解他人的想法。而以色列和巴勒斯坦因局势和历史原因，尤其应当具有同理心。

4. 适应性

如果国家不为自己谋取资源来抵抗已发现的威胁（无论是普遍的、间接的威胁，还是每个国家所特有的风险和危难），共鸣就没有任何意义。为能在危机出现时存活下去，国家必须拥有足够的储备，掌握充分的生存手段。由于战争或恐怖主义的危险难以防备，明日之威胁如此真切——保险虽然是个人及企业适应力的决定性因素，但对于国家而言却几乎没有用处。

无论过去还是未来，警察和军队都是国家适应能力的首要形式。但这必须适应于威胁的性质特点：许多国家的防御战略和军队是针对已消失的威胁而构建的。因此共鸣与适应性相一致是至关重要的。美国目前对抗暴力打击的能力相对薄弱，正是由于其共鸣能力与适应性不一致，且未能充分了解前文所讲的各种威胁，尤其是恐怖主义威胁的性质特点。

一切国家都须保有冗余资源，即保存获得能源储备、农村品、水及未来技术所需原料的可能性。

国家须掌握资源以战斗到底并为生存利用其拥有的一切，如二战期间英国的反入侵战备即适应性的绝对典范。

现在，这些为美国、巴西、俄罗斯拥有的冗余资源，是欧盟、中国、印度所格外缺乏的：后者所用能源的 3/4 来自于进口。

5. 创造力

有时拥有储备保障能使创新更为灵活，稀缺性可变为机遇。为了抵抗攻击，国家须能化匮乏为创新源泉。荷兰在 17 世纪时农田不足，转而发展染料工业；英国在 18 世纪时木材枯竭，转而发展利用煤炭和蒸汽机；日本在 20 世纪末能源匮乏，转而发展电信产业；韩国在 21 世纪初劳动力资源短缺，转而发展机器人产业。

今天，为应对本书所讲的危机（特别是与稀缺性相关的危机），国家必须培养自己在 NBIC 总体技术领域内创新的能力，并为此把全国的所有成员集中于一系列的教学运动、创造力开发和科研项目之中，尽量秉持"若此战必败，不如退而求和"这一思想。若有可能，努力把对手变为"补充性合作者"。18 世纪初，英国之所以能确保自己的霸主地位，正是因为没有徒劳地卷入战争，而是任由法德两国争夺欧洲大陆霸权。

美国、日本、韩国具有较强的创造力。中国和欧盟则缺乏创造力——中国的单位 GDP 能耗比日本高 7 倍、比欧洲高 5 倍，中国人口数占世界人口总数的 20%，但教育支出仅占全球总量的 1%；欧盟同样缺乏能源和原料，却未做足功课以摆脱此局限。

6. 分身术

这个概念对于国家而言意味着什么无疑是难以想象的：初看之下，一个国家无论如何也不可能变为他样或迁国；不过，它可与对手达成和解，模糊身份，甚至在某些情况下为生存而彻底改变身份。

有些国家曾这样做过：西班牙曾先后经历基督教和伊斯

兰教的统治，最后罗马教廷夺回领导权；日本在明治时代曾与西方强国妥协。有一些国家甚至曾经为了生存而迁移（自愿或非自愿地），如公元前6世纪犹太人被巴比伦人俘虏并送至巴比伦尼亚。也有一些国家曾为了生存而被迫改变宗教信仰，并最终接受了这一改变，如阿尔及利亚、西班牙和亚美尼亚。一些国家曾在这样做的同时保持了其道德认同；另一些则因此失去自尊，如1940年时的法国。

分身有术意味着对其他国家的文化和思想持开放态度，准备向他者学习并且重新审视和质疑本国文化和思想的优越性；极端情况下，准备改变身份（至少是部分改变），同时保持自己的身份认同。

分身术普遍体现于兼具多种文化特性的多民族混合国家（如巴西和墨西哥），但现今真正完全具备分身能力的国家只有一个：美国。美国大概是当今最后一个富有"游牧"性质的移民国家。它曾具有显著的日耳曼—英格兰特征，而今正在"拉丁化"。加拿大和澳大利亚也具有同样的可能性。

7. 革新思想

最后，当国家主体、人民、语言或文化的生存遭遇极其严重的危机或确凿致命的威胁时，国家应决定采取重大行动，无须遵守他人强加的游戏规则。比如发动防御战争；在国际社会某一方企图摧毁本国时，拒绝遵守其建立的规则；等等。

欧盟格外缺乏革新思想，中国、俄罗斯、美国和以色列则富有革新思想。

将七条生存原则及对这七条法则的观察分析集中起来看，对未来准备最充分的国家大概是美国、欧盟各国和印度。

美国具备自尊、创造力、适应性、分身术能力：美国经济增长不依赖出口；在农业、工业、技术和能源领域，美国是世界第一的超级大国；美国还吸引了大量投资和人才。其他任何国家都尚不能与美国匹敌。美国的主要缺陷体现在"时间强度"和"共鸣"这两个方面；而进行兼有国家资本主义与社会民主主义特点的社会重建，恢复阶层关系的平衡，以及采取适当形式的紧缩政策，应该可以弥补这些缺陷。

欧盟若能成功获得它所缺乏的自尊、共鸣、适应性和创造力，也将处于有利地位。欧盟尤其须将其工业资源转向能够长期发展的部门。为此，欧盟国家应大幅度提高以下群体的薪酬——研究人员、教师、医生、工程师，以及所有凭借创造力实现自身和社会增值的人；并削减领导者、资本家，或对这些生产力造成干扰者的收入和特权；激发新的企业模式，让企业更关注长期发展、更近似于非政府组织和公共服务部门。

印度具备时间优势、分身术和适应能力。印度人口数量巨大，具有独一无二的科技发展与社会流动的潜力。

二、大城市的未来

历史上著名的城邦（大多是港口）比陷于流沙中的大国更加善于为求生做准备。这些城邦具备以上七种素质，能够更好地获取精英、技术、资助以服务于七条生存法则的应用。

当这些城邦必须大量增税以保障自身安全和生活水平时，它们便相继衰落了，继而不得不缩减公共服务（社会保障、医疗、教育），这导致精英离去，加速了城邦的灭亡。

为了评估判断当今世界主要城市的未来，应识别每个城市在哪些方面拥有与七条原则相关的"王牌"：

自尊品质体现最明显的城市具有并着力培育自身存在意义，以其城市治理和对待居民、旅游者、生态环境的态度而闻名。其中有：新加坡、巴黎、伦敦、东京、斯德哥尔摩。

重视时间的城市在思考未来的同时有着紧凑的生活节奏，这从其城市建筑即可看出，如伦敦、巴黎、香港、上海。

最具适应性的城市是某些强国的首都（如华盛顿、巴黎、北京、东京），相较于高度依赖金融和大众传媒的城市（如纽约、伦敦、法兰克福、新加坡、上海），它们比较不容易在打击下败落。

具有**共鸣能力**的城市能够理解他人，与他国公民形成联盟。通常，这些城市的混血人口比例非常高。其中有：伦敦、布鲁塞尔、新加坡。

具有**创造力**的城市可从环境问题中获益，成为生态城市（如美国的匹兹堡、韩国仁川广域市的松岛新都、中国上海市的东滩地区、英国的 Totnes 郡）；这些城市中将出现可持续的、可自主产生能源的墙体，可自我修复的塑料，自洁玻璃、垂直花园，可自动捕捉大气中二氧化碳的森林等等。

分身有术的城市将能够根据时代发展进行彻底的自我转变，上海就是一个典型的例子。

具有**革新思想**的城市将能实现彻底分离，包括改变和重置其固有的地理位置（如鹿特丹与其中心旧港 Kop van Zuid 分开、上海老城区与浦东新区分开）。

总而言之，作为大多数人类的居住地，未来的城市和国家趋于成为面向旅客的酒店：无论旅客将在此居住多长时间，酒店为其提供休息和交往的处所，并营造亲切友好的社交氛围。那时，将不再有业主，也不再有陌生人。

第七章

共同求生——人类

即使我们中的每一个人都将各自的生存战略发挥至最佳，即使企业已有数百年历史，即使每个国家都尽全力应对各自面临的危难，人类本身也已面临消失的危险。最糟糕的是：当个人生存大量地表现为浪费和利己主义的行为时，集体生存将变得更加艰难。

为了生存下去，排除降临到自己头上的威胁，战胜已发生征兆的危机，并尽可能获益于在面前展开的良机，人类应首先明确认识自身的存在意义和可能遭受的威胁。然而现实远不止如此。

一、威胁

如我们所见，每一个人对威胁其个体生存的危险鲜有意识，对可能威胁其亲友、家庭、所在企业、城市、国家生存的危险更少有清醒的认识，而对人类、生命可能遭遇的威胁有充分估量的人则少之又少。鲜有人意识到盟友、共鸣和利他主义对于生存的重要性。

生命曾经七次从地球上消失，现在人类正面临第八次灭亡的危险。在过去的 6.5 亿年里，曾发生过七次大规模物种灭绝事件，每次事件中消失的生物物种超过半数，而部分物种存活下来，生命得以延续，全靠高度的多样性，或说适应性。

第一次灾难，即"前寒武纪灭绝"，发生于 6.5 亿年前，一次非常严峻的冰河期引起 70% 的动植物物种灭绝；第二次灾难"埃迪卡拉纪灭绝"（5.45 亿年前）发生的原因仍是未解之谜；第三次灾难"寒武纪灭绝"（5.43 亿至 5.1 亿年前）发生原因是冰河期大洋变冷，海水中氧气不足，导致三叶虫、腕足动物、牙形石动物灭绝；第四次灾难"奥陶纪灭绝"（4.5 亿至 4.4 亿年前）发生原因是新一次冰河期到来，海平面下降，导致一百余种海洋无脊椎动物灭绝；第五次灾难"泥盆纪灭绝"（3.7 亿年前）发生原因是流星撞击地球引发又一次冰期，海洋生物遭受重创，陆地生物受到的影响相对较小；第六次灾难"二叠纪灭绝"（2.48 亿年前）发生原因是西伯利亚地区出现大规模火山喷发且持续一千年之久，海洋板块下沉引起温室气体甲烷大量释放，地球升温 15 摄氏度，导致 90%～95% 的海洋生物物种灭绝，只有极少数幸存下来，其中水龙兽是所有哺乳动物的祖先，因此也算是人类的祖先；最后一次灾难"白垩纪"灭绝（6500 万年前）发生原因是流星撞击尤卡坦半岛（今墨西哥东南部），导致地球上85%的生物物种灭绝（包括恐龙），但大多数小型哺乳动物（鸟类、龟、两栖动物）幸存下来，而这次灭绝事件中消失的珊瑚礁则在千万年后才得以复原。

以上某些事件表明大气层中二氧化碳浓度的微弱变化足以导致几乎所有生物物种灭亡。

从那时起，尽管由此而来的灾祸、侵犯和危机曾夺走大批民众、企业、国家的生命，人类这一诞生于30万年甚至更早的物种，已历经了朝不保夕的游牧生活、无数的战火与伤害、不可计数的悲剧，成功地延续生存至今：从3万年的大冰河期，上古历史的几次大饥荒到14世纪的黑死病，20世纪的两次世界大战、大萧条和种族大屠杀。

今天，人类生存再一次受到威胁：生态及气候紊乱、毒品、流行病、基因滥用、致命武器与军备竞赛（参见本书第一章、第二章）。人类正在自我扼杀——人口过剩，人类活动带来污染和荒漠化，百万年间积累的资源被快速耗尽，生物多样性、农田、海洋（尤其是堡礁）被大肆破坏。

更广泛地讲，除人类外，其他物种生存也受到威胁：生物多样性减少甚至消失，特别是海洋动物群被破坏，以及大气污染——除了某些细菌能够抵抗极强辐射。

二、生存原则

为了避免末日提前到来，人类应认识自我。更为艰巨的任务则是：如何建立有效应对以上威胁的机构。这些机构将不局限于国家联盟，不局限于分担挑战，施行比国际组织（G8、G20、联合国安全理事会等）现正讨论（经常是无效讨论）的议题更为雄心勃勃的战略。

这些战略同样应以七大生存法则为核心。

1. 自尊

若不能真正认识自我，若不能明确自身存在意义，人类就做不到自尊。而自尊之所以必要，尤其是因为人类最大的敌人就是自己：人很容易在无意识中自取灭亡。

因此，第一场战役应以此为目标：认识威胁人类生存的危险。这一战役与捍卫个人权利之战毫无关系，后者的目标是每个人都得到他人的尊重。人类整体的生存权利与普世的人权概念并不一样。

人类的存在意义仍是一个绝对的哲学奥秘：不同于个人、企业、国家的存在，没有人能断言人类之所以存在是因为某一个或某一些人希望如此，也没有人能断言人类有存在的意义、存在的权利。在一些人看来，重要的是人类能够生存下去，而不是自问人类的终极目的是什么；在另一些人看来，人类的存在意义是使神的创造臻于完美；还有人认为人类的存在意义是征服和占领宇宙。无论如何，存在权利应被视为绝对，因为这是其他一切的根本。

人类对自身的尊重要求我们首先明确自己的身份和权利，然而许多人不承认自己和在语言或文化上与己差异较大的人之间存在共性和友爱，更不承认全人类具有共性且互爱。

然而，如果把过去、现在、未来的所有"人"视为一个全体来加以定义，就很清楚了：在过去的 30 万年里，只存在一种"人"，即"智人/现代人类（Homo sapiens sapiens）"；其他的，暂可称为"类人（race humaine）"。

接下来，需要规定"人"这一物种具有的权利并使这些权利得到尊重。一些人认为人类的权利不应区别于其他物种的权利：既然禁止杀人，能否允许杀害其他生物？在何限度内？是否应禁止人类杀害其他一切生物？另一些人认为人类拥有特权，无论如何，人类必须能生存下去。

为了生存，人类的首要义务是：绝不互相憎恨，重视自身持久生存，珍视自我。

没有任何法律文本对人类的整体权利做出规定，将人类作为一个物种来谈论其生存的也很少。通常，这一点只在法律或条约序言中被附带提及，目的在于保护某一项法律承认每个人都具有的权利。如联合国教育、科学及文化组织大会第二十届会议于 1978 年 11 月 27 日通过的《种族与种族偏见问题宣言》序言第五点写道："深信哲学、道德及宗教的最高表现形式所确认的人类团结以及由此所产生的全人类、各民族的平等，反映了今日伦理学与科学日益结合的理想。"保护人类，则是声明在权利上所有人类家庭成员应一律平等。同样，欧洲委员会于 1997 年 4 月 4 日通过的《关于在生物和医学应用中保护人权和人类尊严保护公约：人权与生物医学公约》序言第十点也写道：确信尊重同时作为单一个体与人类整体之一成员的人的必要性并承认确保人类尊严的重要性。更糟糕的是，此条约第四章第十三条"对人类基因组的干预"规定：寻求改变人类基因组的干预只有在出于预防、诊断或治疗需要，且不以改变后代基因组为目的时才可进行。换言之，据此条约，若改变后代基因组被证实对后代有益，就将得到法律许可！这是对人类后代所必需的完整性的否定。

法国、德国等国家的法律尤其强调保护人类权利：根据法国于 1994 年 7 月 29 日颁布的法律，即后设的《法国民法典》第 16 - 4 条，"任何人不得破坏自然人身体的完整性（Nul ne peut porter atteinte à l'intégrité de l'espèce humaine）"，其他补充性法规则更明确地将优生学手段和生殖性克隆视为危害人类罪来禁止。

人类特有的自尊要求其每一成员具有利他主义思想，为他人（无论是生者、逝者还是后代）利益着想。

人类还应对其他物种的生存形成情感同化，因为这与人类自身生存息息相关。这意味着人类有义务尊重一切生命形式，且当个人、企业或国家违背该义务进而威胁到全人类的命运时，应与这种侵害其他生物生存的行为作斗争，并且应该制定并施行"人类及其他生物权利和义务宪章"，囊括必要的监督和制裁办法。然而人类目前做得还远远不够。

2. 充分利用时间

人类须对自己可能受到的长期威胁有所意识并准备应对这些威胁。为此，首先应了解人类的过去，认知人类在上千年的存活过程中历经的不幸和考验。然后在找到自身存在意义的同时制订长期方案，规划未来至少一个世纪内人类在数量、经济和生态方面的发展。最后，进一步设想，力求实现人类在宇宙中的存在价值：生存，征服或占领宇宙，成为纯精神生物，形成一个智力圈……

3. 共鸣

新近研究表明以往七次物种灭绝事件中，警报信号（如植物群落、甚至是植物个体数量的下降）早在物种开始消失之前就可被捕捉，预示着生态系统的衰落。换言之，若能对其他生命体的行为表现做出分析，每一次物种灭绝事件都是可以预见的。

因此，当今人类应持续跟踪研究，力求认识了解其他物种，以便在需要时与其"结盟"并识别自己可能受到的威胁——还是"利己的利他主义"（这是相对于大自然而言）。

为了与所处环境（特别是一切显示出生命活动的因子）形成情感同化、产生共鸣，人类应集中现有的全部能力，尤其是政府间气候变化专门委员会（IPCC）采用的综合评估技术（政府间气候变化专门委员会是一个相当特殊的国际组织，其作用是持续汇集有关全球气候变化的科学/技术信息并进行评估），应依据此类工作程序，研发危机分析技术及完全透明的"数位仪表板"（经济信息系统的用户界面）和预警指标。

4. 适应性

几十万年前，当人类祖先还以不同形式在地球各处出现，在"人属"概念下分支出不同"人种"，出生繁衍、演变进化的时候，"人"的适应力相当强大。然而，进化为"现代人类（Homo sapiens sapiens）"后，"人"丧失了大部分适应能力。从那时起，人类必须确保：当仅存的种族和文化上的多样性消失、构成群体间的差别消失时，不会失去使自己免受灭顶之灾的最后防护。

人类必须防备有可能导致自身灭亡或受到严重损害的威胁，应当制订行动计划以应对可预见的危机，应制订应急预案以应对无法预料的危机。特别是应把空气、水、能源、可耕地等对人类生存至关重要的资源定义为"世界共同财产"，规定其不可侵犯的神圣属性，并且在必要时将其排除于市场法则之外，以供全人类使用。

5. 创造力

人类应具备将笼罩在自己头上的威胁转化为机遇的能力。例如，应从现在开始思考在太空、水下或极端温度条件下吃喝、呼吸、生活的方法；应以实施地球工程来对抗人类活动引起的气候变化；或通过重新植树造林来捕捉二氧化碳；或通过提高地表反射率来转移一部分太阳辐射。目前几乎没有人关心这个问题，也几乎没有人意识到这些威胁，更没有人努力去拥有为实现重大转变而增强研究力量、扩展研究方法的能力。

6. 分身术

为了保存人类的精华，人类甚至可以开始思考更加大胆的战略，如向其他行星移民，甚至是通过改变自身基因，来获得应对生存条件巨变的能力：为了生存而变得不同、变成今人眼中的"怪物"，但同时必须保护人类的身份与精神认同——毫无疑问，意识与思想是人类所特有的本质。

7. 革新思想

如果不能真正彻底变革全球治理的混乱方式，这一切都无从谈起：即使无须"攻占"某座"世界性的巴士底狱"，也暂且不提乌托邦式的"世界政府"，为了人类整体的生存，至少应该考虑以"国际三级会议"代替各国政府之间现存的组织形式，立刻应对目前一切危机和威胁，从总体上施行求生法则。

"国际三级会议"工程可始于拟定一份"人类权利义务宪章"，并建立负责施行此宪章的国际机构。这类机构的职责是：保护"世界共同财产"，启用世界统一货币，建立公共的信贷投放系统，调节金融市场，遏制非法的武器与毒品买卖，遏制非法的性交易活动。

无论这一发展阶段有多么遥远，剧变已露端倪。为使其变成现实，我们必须认识到人类正在走向自我毁灭，而一支意志坚定、百折不挠的强大军队，正是人类永远的需要。

正如第二次世界大战前夕，法国作家安德烈·纪德在其日记中所写的："如果还有什么人能够拯救这个世界，那么只会是那些不屈不从的人。没有他们，我们的文明、文化，我们的所爱，以及赋予我们的存在某种神秘意义的一切，都将终结。这些永不放弃的人，他们是'世上的盐'①，是'上帝的代言人'。"

---

①　来自《新约圣经·马太福音》第 5 章第 13 节

致　谢

　　我向以下各位表示衷心的感谢：Léo Apotheker、Fabienne Attali、Bernand Attali、Xavier Bertrand、Vincent Champain、Murille Clairet、Daniel Cohen、Rachida Derouiche、Claude Durand、Julien Durand、Mercedes Erra、Stephane Fouks、Paul Jorion、Driss Lamrani、Emmanuel Macron、Christophe de Margerie、Gilles Michel、Pierre Henri Salfati、Luc Francois Salvador、Léa Schwartz、Marc Vasseur、Pascal Weil。他们中的每一位都以自己的方式，在我思考过程的某一点上，给了我非常慷慨且有效的帮助。

　　自然，如有任何错误，都应归于我自己。我很愿意继续与各位读者交流对话，读者可发送电子邮件至我的邮箱：j@ attali. com。